Jürgen Seibold

Die Toten Hosen

V.I.P.

Dieser Band
erscheint in der Reihe V.I.P. music
V.I.P. ist ein Imprint der
Paul Zsolnay Verlag Ges.m.b.H., Wien
Originalausgabe

Dokumentation: Ralph Päckers, Werner
Herkert, Hanspeter Künzler (London)
Textbearbeitung: Petra Raszkowski
Titelgestaltung: Graphics, Darmstadt
Innenlayout und Produktion:
Seibold Medien, Winnenden
Druck und Bindung: VPM, Rastatt
Printed in Germany, 1992
ISBN 3-552-05005-1

Titelfoto: Inter-Topics
Rückseitenfoto: Michael Göttlicher
Bildquellen Innenteil:
Martin Hoffmann – S. 8, 32 (2), 46, 73, 80; Michael Göttlicher – S. 10, 44/45, 50/51, 52, 53, 56/57; C. Müller/Lorenz/bold – S. 6, 7(2), 8/9, 9; Dirk Weyhenmeyer/bold – S. 58, 61, 68/69; dpa – S. 34/35, 36/37; Inter-Topics – S. 40, 70/71; Set – S. 10/11, 12, 13, 38, 39 (oben), 42/43, 47 (oben), 48, 74, 77; siehroh/wph – S. 1, 14, 15, 16/17, 18, 19 (2), 20 (3), 22, 22/23, 25, 26, 27, 28 (2), 30/31, 45, 54/55, 59, 60, 62, 63, 64/65, 72; Anita Bugge/Fotex – S. 39 (unten); W. van Eick/Fotex – S. 47 (unten); Herbert Kuehn/Fotex – S. 46; Hans König/Fotex – S. 44; R. Drechsler/Fotex – S. 3, 74/75; BPP/Fotex – S. 32, 43; Jörg Böhm/Fotex – S. 37; Lothar Kruse/Fotex – S. 72; pmk – S. 66/67, 69

Die frühen Jahre

Mitte der 70er Jahre hatten viele Jugendliche die Nase voll von der damaligen Musikszene – und das mit gutem Grund. „Rock'n'Roll", tönten die Rockstars, „ist der Sound der Rebellion, der Sound der Jugend, der Sound des Jungen auf der Straße." Doch während sich die Stars mit solchen und ähnlichen Fensterreden zu Idolen der Teenager hochstilisierten (wobei viele ihre Väter hätten sein können), sonnten sie sich im prallen Scheinwerferlicht, stopften sich die Taschen voll mit Tantiemen-Millionen, strapazierten die Leber mit Whisky, Gin und anderem Hochprozentigem und packten für ihre Songs den immer gleichen Schmus von Liebe, Triebe, Hiebe in abgedroschene Phrasen. Immer länger wurden die Gitarrensoli – und immer größer auch die Kluft zwischen den selbsternannten Rock'n'Rollern und denen, die sie anhimmeln sollten.

Als schließlich der Disco-Sound seinen Siegeszug durch die Charts antrat und 1976/77 Namen wie Hot Chocolate, Donna Summer, Real Thing, Tina Charles oder Baccara ganz nach oben in die Hitparaden katapultierte, schien das das Faß endgültig zum Überlaufen zu bringen.

Ihre Kontrahenten waren die Musiker aus dem „Untergrund" der Londoner Szene, die oft gerade mal eine Gitarre richtig herum halten konnten. Aber sie hatten allen Rock-Virtuosen und Kunstmusikern, den meisten Jazz-Cracks und den etablierten Stars, die in liebevoll zusammengeklebten „Starschnitt"-Postern die Schranktüren vieler Teenager schmückten, eines voraus: Sie platzten schier vor Energie, vor Spielfreude und vor jener Mischung aus ohnmächtiger Wut, Frustration und dem Willen zur Rebellion gegen die eingefahrenen Verhältnisse in der Musikbranche, die schon den Rolling Stones eineinhalb Jahrzehnte zuvor den Weg zur Rocklegende geebnet hatte.

„Punk" nannten sie ihre Musik, und der Name – zu deutsch etwa: Müll, Abfall, nichtsnutziger Mist – war Programm: Sie wollten sich abgrenzen von den Spießern in der Nachbarschaft und in den Chefetagen der Plattenfirmen, die sie immer nur mit fettem Hintern auf ihren erschwindelten Geldscheinbündeln sitzen wähnten. Sie wollten der Gesellschaft im allgemeinen und der Musikszene im besonderen einen kräftigen Tritt verpassen. Sie wollten die sauber rasierten Karrieristen, die dezent geschminkten Hausfrauen, die brav gescheitelten Oberschüler und die durchgeistigten Kunststudenten

PUNK IN LONDON

Im November 1976 veröffentlichte die Londoner Band Sex Pistols einen Song mit dem Titel *Anarchy In The UK*. Sie hatten für einen Vertrag mit dem Plattenriesen EMI einen Vorschuß von stolzen 40000 englischen Pfund kassiert. Im März 1977 wechselten sie zur Konkurrenzfirma A&M, die ihnen 75000 Pfund im voraus bezahlte und sie nur sechs Tage nach Vertragsabschluß auf Druck der amerikanischen Mutterfirma und zahlreicher dort betreuter Musiker wieder feuerte. Im Mai '77 schlossen sie mit Virgin einen Vertrag (diesmal für nur 15000 Pfund Vorschuß), und im Frühsommer 1977 landeten sie mit ihrer zweiten Single *God Save The Queen* auf Platz 2 der britischen Single-Hitparade. Bereits 1979 kümmerten sich die Bandmitglieder und Manager Malcolm McLaren mehr darum, sich gegenseitig zu verklagen, als um die musikalische Weiterentwicklung der Gruppe. Im Februar 1980 erschien das letzte Album der Sex Pistols. Dennoch waren die Erfolge der Sex Pistols nicht verpufft: Sie waren zum Symbol der Punkszene geworden – und die machte auch in den folgenden Jahren noch durch Bands wie die Vibrators, die UK Subs, die Lurkers oder 999 von sich reden. Zum Teil mit Unterstützung der Toten Hosen: Campino überredete die Lurkers 1988 zu einem Comeback und half mit, ihr nächstes Album zu finanzieren. Und 1991/92 standen die Düsseldorfer mit einigen ihrer alten Idole im Studio und auf der Bühne.

schockieren. Sie wollten mit den Spielregeln der Gesellschaft brechen und vorleben, daß sich nicht alle Musiker durch gut dotierte Verträge vor den Karren der wie eh und je streng kommerziell ausgerichteten Plattenbranche spannen ließen.

Zunächst ging die Rechnung auf. 1976 führten die Sex Pistols mit dem Song *Anarchy In The UK* vor, wie das Grundmuster des neuen Musikstils aussah – der, nebenbei bemerkt, so neu nicht war: Punk klang wie der Versuch, noch einmal an die Wurzeln des Rock'n'Roll anzuknüpfen und in möglichst schlicht gehaltenen Stücken möglichst viel von der unbändigen Energie umzusetzen, die den Rock'n'Roll einmal ausgemacht hatte. Punk klang, als hätte es Elvis und die Beatles und vor allem Abba oder Deep Purple nie gegeben, als hätte sich aus den Songs eines Chuck Berry oder Bill Haley nicht melodieverliebter Pop und Rock entwickelt, sondern ein wilder, ein rauher, erdiger und rotziger Sound, der sich nicht um Tonarten, um musikalisches Talent, um gute Stimme oder komplizierte Akkordfolgen scherte.

Doch Punk war auch ein Ventil für die (zunächst britischen) Jugendlichen, die sich einer wenig rosigen Zukunft in einem wirtschaftlich arg gebeutelten Land gegenübersahen, die sich von den Eltern und Lehrern gegängelt und von den politischen Verhältnissen inner- und außerhalb Großbritanniens enttäuscht fühlten. Punker erkannten sich bald an zerrissenen Jeans und Lederjacken, an

Die kargen Reste der alten Düsseldorfer Punkszene: Im Ratinger Hof gibt's heute Techno (links), im Politbüro chinesische Spezialitäten (rechts) – und in Neuss steht nur noch Wasser, wo früher einmal der Live-Club Okie Dokie stand (oben)

PUNK IN DÜSSELDORF

Der Ratinger Hof war Ende der 70er Jahre der Treffpunkt der aufblühenden Düsseldorfer Punkszene. 1977 umgebaut, wurde er schnell zum angesagtesten Live-Club der Punkfreaks. „Damals", erzählt Jürgen Krause, zur Blütezeit des Punk in der rheinischen Stadt unter anderem als Konzertveranstalter aktiv, „gab es im Monat nur ein oder zwei Konzerte in der Gegend – und die fanden im Ratinger Hof statt. Bands wie 999 haben dort gespielt – sonst gab's erst mal nichts. Im Hof habe ich auch mit die ersten Punks getroffen, die es in Deutschland gab. Anfangs war die Düsseldorfer Szene eher middleclass – Leute von der Kunstakademie, Bürgersöhnchen, Gymnasiasten, Studenten. Erst später, mit der Hardcore-Welle, änderte sich die Zusammensetzung der Leute – da wurde dann alles etwas härter. Das war auch die Zeit, als in den Konzerten immer alles zusammengewichst worden ist. Und schließlich fing der Punk-Tourismus an – da hast du am Wochenende in einem Club wie dem Politbüro keinen Düsseldorfer mehr getroffen." Dieses Politbüro, am Rand der Altstadt inmitten eines Wohngebiets gelegen, mauserte sich damals schnell zur ernst zu nehmenden Konkurrenz für den Ratinger Hof, mußte aber bereits nach wenigen Monaten wieder schließen. Weitere für die Düsseldorfer Punkszene wichtige Clubs waren das Okie Dokie in Neuss und das Moerser Aratta. Krause: „So um 1981, 1982 herum wurden auch Labels gegründet wie Schallmauer Records, den die Betreiber eines ehemaligen Plattenladens in Neuss auf die Beine stellten. Dort sind die Platten von KFC erschienen. Der Gitarrist der Band Mittagspause hatte auch ein eigenes Label gegründet, das die ersten beiden Singles von ZK veröffentlichte. In dieser Szene tummelte sich Ende der 70er Jahre der 14jährige Andreas Frege, der später als Campino bekannt werden sollte. Krause: „Campino durfte nur nachmittags in den Ratinger Hof, abends mußte er mit dem Bus wieder raus nach Mettmann. Er mußte ja abends um zehn oder elf Uhr zu Hause sein."

Die Kiefernstraße (oben und rechts) ist Düsseldorfs Szene-Prunkstück und Behörden-Ärgernis zugleich: Hier geht auch heute noch hinter bunt bemalten Fassaden der Punk ab

struppigen Frisuren und Sicherheitsnadeln, die sie durch Klamotten, Ohrläppchen und Wange steckten. Die Eltern und Nachbarn machten sich über ihr Outfit lächerlich, beschimpften sie als Asoziale, Halbstarke und menschlichen Abschaum – und vergaßen darüber ganz, daß sie knapp 20 Jahre zuvor selbst mit leuchtenden Augen einem damals ebenfalls als Asozialen und Halbstarken beschimpften Filmstar namens Marlon Brando zugejubelt hatten.

Der Punkszene, die sich schnell international ausweitete, tat diese allgemeine Ablehnung gut. Die Punks trafen sich in eigenen Clubs, belegten die Jugendhäuser mit Beschlag und rückten durch jede Kritik von Außenstehenden nur noch enger zusammen. Und die Bands, die aus diesen Cliquen hervorgingen, wurden schnell zu Kultgruppen verklärt. Dafür waren die Sex Pistols im Grunde nur ein Beispiel unter vielen – wie The Clash, die Buzzcocks, die Vibrators, Jam, die Stranglers oder die Boomtown Rats.

Doch noch bevor sich die Punkszene auf alle Länder der westlichen Welt ausgedehnt hatte, war sie – gemessen an ihren ursprünglichen Absichten – bereits wieder am Ende: Während ihnen die Fans als aufrechte Rebellen gegen die bestehende Ordnung zujubelten, arrangierten sich die vermeintlichen Helden mit dieser Ordnung.

Doch trotz allem: Punk hatte auf die Rockszene belebend gewirkt. Und auch wenn inzwischen aus dem wüsten Punk der etwas verträglichere Punkrock und der wiederum zum einigermaßen etablierten Bestandteil der Rockmusik geworden war (die Boomtown Rats erreichten im November 1978 mit *Rat Trap* sogar Platz 1 der britischen Single-Charts), zehrten die Bands und Musiker die ganzen 80er Jahre hindurch vom Elan der Punker.

New Wave und ähnliche Musikrichtungen entstanden, Bands wie The Police mischten Punkrock mit Reggae, und die Fans von Ska, Pogo und Rockabilly gebärdeten sich später kaum anders als die frühen Anhänger der Punkbands.

Die Entwicklung in der Londoner Szene sprach sich auch in Düsseldorf schnell herum. „Der erste Plattenladen, der während der Anfangszeiten des Punk in Düsseldorf aufmachte, war das Rock On", erinnert sich Jürgen Krause. Er betreibt heute selbst einen Plattenladen in der Stadt am Rhein und veranstaltete damals Konzerte mit Punk- und Punkrockbands aus ganz Deutschland. „Die Leute sind immer nach London gefahren und haben sich dort die neuesten Platten besorgt. Und am Wochenende hat sich in ihrem Laden dann die ganze Szene getroffen, um die Neuheiten aus England zu hören."

Das war in den Jahren 1977/78. Damals kristallisierte sich in Düsseldorf auch eine rege Live-Szene für die Fans der neuen Musikrichtung heraus. Der Ratinger Hof – in der Ratinger Straße gelegen und zu Fuß in ein paar Minuten vom Rheinufer aus zu erreichen – wurde zum Mittelpunkt des neuen Booms. „1977", erzählt Krause, „hatten die umgebaut. Vorher war das ein Hippie-Schuppen, in dem mit Tischdecke und Küche und Teekessel alles sehr auf Gemütlichkeit ausgerichtet war. Das rissen die Betreiber dann alles raus, hängten Neonleuchten an die Wand. Das sah aus wie eine Tankstelle. Am Anfang mußten wir auf Schleichwegen zum Ratinger Hof, weil wir sonst was auf die Schnauze bekommen hätten. Das war eine üble Zeit damals. Überfälle von Rockergangs und Fußballprols waren am Wochenende praktisch an der Tagesordnung."

Doch wie in London nützte die allgemeine Ablehnung, auf die die Punks in ihrer Umgebung stießen, auch der Szene in Düsseldorf mehr, als daß sie ihr schadete. Krause: „Anfangs war die Szene wirklich extrem klein. Als ich das erste Mal in den Ratinger Hof kam, waren gerade mal 15 Leute da. Aber als sich langsam herumsprach, was hier live abging, kamen Typen aus ganz Nordrhein-Westfalen in den Club."

Die bekannteste Band der ersten Düsseldorfer Punk-Generation war Mittagspause, zur zweiten Generation zählte man Gruppen wie ZK und KFC (für „Kriminalitäts-Förderungs-Verein"). KFC veröffentlichten 1980 das Album *Letzte Hoffnung* und verschwanden nach der LP *Knülle im Politbüro* (1981) wieder in der Versenkung. Von ZK erschien *Leichen pflastern ihren Weg* – und nach einigen Abschiedskonzerten löste sich die inzwischen überregional bekannte Band schließlich auf.

Einige der Ex-Mitglieder von ZK – Sänger Campino, Bassist Andi Meurer und Gitarrist Kuddel – sowie Trini Trimpop, der eine Zeitlang für KFC getrommelt hatte, hielten die gruppenlose Zeit allerdings nicht sehr lange aus. Bald stand eine fünfköpfige Band fest, die sich als erstaunlich beständig erwies: Der heutige Rhythmusgitarrist Breiti stieß bereits Wochen nach der ersten Probe dazu, und Drummer Trini Trimpop verließ zwar 1985 seinen Schlagzeughocker, kehrte aber bereits im Frühjahr 1986 zurück, um sich um das Management zu kümmern. Wölli, zuvor Drummer

Die Toten Hosen zählen zur sogenannten dritten Generation der frühen Düsseldorfer Punkbands. Sie rekrutierten sich aus Musikern der Gruppen ZK und KFC

„So ein richtiger Name hat etwas Entweihendes." Und so wurde aus dem Punkfan Andreas Frege (unten) der Punksänger Campino.

der Suurbiers, ersetzte Trini am Schlagzeug und gehört ebenfalls noch heute zu den Toten Hosen.

Blieb das Problem des Gruppennamens. „Wir wollten uns zuerst ‚Die 5 Andreasse' nennen", ulkte Campino 1990 in einem Interview mit der Musikzeitschrift ME/SOUNDS. „Ich finde, so ein richtiger Name hat doch was Entweihendes. Ich hatte früher als Sänger von ZK immer so einen Riesenkoffer mitgeschleppt, und da sollte was Italienisches draufstehen wie: ‚Der Große...' Vielleicht ‚Der Große Campari'. Dann habe ich halt richtig auf verschissenen Zauberkünstler gemacht und ‚Der Große Campino' draufgeschrieben."

Nach einem kurzen Zwischenspiel als Der Club der Toten Hosen einigten sich die Düsseldorfer schließlich auf den etwas knackigeren Namen Die Toten Hosen. Es konnte losgehen.

Aus dem Club der Toten Hosen wurden Die Toten Hosen – und aus den Punkern einige Zeit später die Lieblinge der Popfans: Die Band während eines Auftritts bei der Fernsehshow „Formel Eins" (rechts)

Heute gelten Campino & Co als Aushängeschilder der Düsseldorfer Musikszene. Dennoch: „Die Hosen", sagt Plattenhändler Jürgen Krause, „haben nie den Star raushängen lassen."

DÜSSELDORF HEUTE

Was heute von der Düsseldorfer Punk- und Punkrockszene, von den damals angesagten Clubs und Bands übriggeblieben ist? Jürgen Krause, Kenner der damaligen Szene, wird nachdenklich. „Das Okie Dokie", sagt er, „wurde abgerissen, der Ratinger Hof ist ein Techno-Laden – und aus meinem damaligen Plattenladen ist eine Pommes-Bude geworden. Von Schallmauer Records hört man nichts mehr, und das Label Ata Tak, auf dem von 1981 an Platten der Band Plan veröffentlicht wurden, bringt sporadisch die eine oder andere Platte heraus – die leiden aber immer unter chronischem Geldmangel. An Bands gibt es heute zum Beispiel Straßenrebellion, aber die haben überhaupt keinen deutschen Plattenvertrag. Die veröffentlichen ihre Alben in Japan, Holland oder auch mal in England, und 95 Prozent der Auflage gehen ins Ausland. Inzwischen sind auch der alte Gitarrist und der Schlagzeuger von Mittagspause wieder aufgetaucht. Die beiden wollten, wie ich gehört habe, wieder etwas auf die Beine stellen – aber möglicherweise nur hobbymäßig." Bleiben also, wenn es um die heutige Düsseldorfer Szene geht, vor allem die Toten Hosen. „Ich kann über die Hosen nichts Schlechtes sagen", meint Krause. „Die haben nie den Star raushängen lassen – eher im Gegenteil."

Die Musik der Toten Hosen

Die Toten Hosen setzten sich schon früh vom rüden Ur-Punk ab, wie er in London und in der Anfangszeit der Düsseldorfer Szene den Ton angegeben hatte. Sie mischten die Energie des Punk mit brachialem Rumpelrock und Gesängen, die ebensogut aus der Fankurve des Düsseldorfer Fortuna-Stadions hätten stammen können. Mit den frühen Punkbands hatten sie vor allem eines gemein: Spielfreude und der Spaß an einer wilden Party waren wichtiger als raffinierte Akkordwechsel und sauber gespielte Soli. „Bands wie ZK waren allerdings noch ein bißchen primitiver", erzählt Plattenhändler Jürgen Krause. „Das waren ja alles im Grunde keine Musiker. Aber für uns war das okay – denn das waren unsere Kumpels, das konnte also gar nicht so schlecht sein."

„Als wir mit den Toten Hosen aufzutreten begannen", erinnerte sich Trini Trimpop einmal für das Musikmagazin SoundCheck, „gab es noch eine richtige Punkszene in Deutschland. Diese Punkszene war es auch, wegen der wir überhaupt mit der Musik angefangen haben. Wo ein Punk-Abend angesagt war, kamen automatisch 300 Leute. Den Arsch haben wir uns damals aufgerissen, immer 150 Prozent gegeben, beständig getourt, einfach ehrliche Leistung ohne fake geboten."

Das sah etwa so aus: Im Herbst 1982 absolvierten die Hosen im Rahmen ihrer ersten Deutschlandtournee mehrere Auftritte pro Nacht, sie überraschten mit Sitzkonzerten oder ließen Campino auf den Boxen herumturnen und ins verdutzte Publikum hechten. Verstärkeranlagen gingen zu Bruch, die Konzertveranstalter überlegten sich immer gründlicher, ob sie sich mit dieser Band das blanke Chaos ins Haus holen wollten oder nicht – und zwischendurch gingen die fünf Musiker eben mal ins nächstbeste Plattenstudio.

So entstand 1983 auch der Song, der als Hymne der Düsseldorfer Band gilt: *Eisgekühlter Bommerlunder*, ein witziger Zwitter aus musikgewordenem Saufgelage und Punkrock, der heute wohl zu den populärsten deutschsprachigen Songs überhaupt zählt.

Doch obwohl ihnen die deutsche Szene schon bald zu Füßen lag, blieben die Toten Hosen lange Zeit eine Band für Insider. Campino zum Magazin ME/Sounds: „Es dauert in Deutschland irre lange, sich durchzusetzen, wenn du keine radiotaugliche Musik machst. Bis 1989 kannten viele unseren Namen, aber nicht unsere Musik. Wir waren immer in irgendwelche Skandale verwickelt – für uns war das normaler Alltag."

DIE KRITIK DER PURISTEN

Mit jeder Platte entfernten sich die Toten Hosen ein wenig mehr vom puren Punk der frühen Tage. Was auch dieser Band eigentlich als natürliche Entwicklung zugestanden werden sollte, brachte (und bringt noch immer) einige Hüter des reinen Punk auf die Palme. Doch Kritik von seiten der Punk-Puristen prallt an den Toten Hosen seit Jahren ab. Campino: „Also wenn mir einer erklärt, was 'n Punk ist", winkte er 1990 in einem Interview mit der Zeitung SONNTAG AKTUELL ab, „da könnte ich mehr dazu sagen. Vor zehn Jahren war das noch nicht so schwierig, aber inzwischen ist das schon ziemlich verwaschen. Auf jeden Fall liegen aber im Punk unsere Wurzeln. Außerdem – jeder, der sagte: ‚Ich bin ein Punk', der war einer. Das ist doch der Witz dabei. Ein Punk ist für mich einfach ein Verrückter, einer, der einen positiven Schuß hat. Wir sind so lange im Vorprogramm rumgehangen, daß wir unsere Lektion noch gut im Gedächtnis haben. Außerdem: Wenn einer 'nen Höhenkoller bekommt, wird er von den anderen ganz schnell wieder runtergeholt." Auch der Düsseldorfer Szene-Kenner Jürgen Krause bricht eine Lanze für die Band: „Die sind immer auf dem Teppich geblieben. Einmal haben sie zum Beispiel ein Konzert in der Kölner Stadthalle gegeben. Und obwohl die Halle ausverkauft war, haben die Hosen keinen Pfennig dran verdient, weil sie den Eintrittspreis mit 18 Mark extrem niedrig angesetzt hatten."

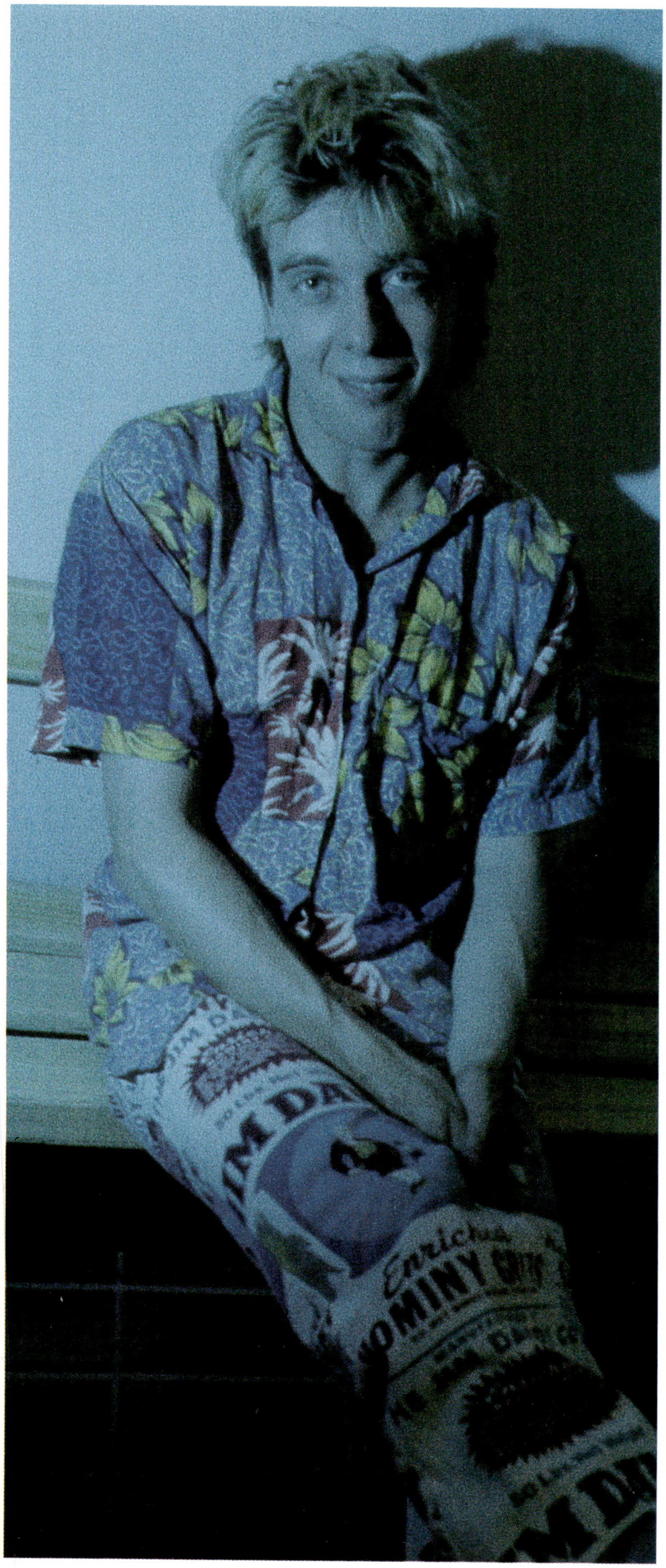

Drei Tote Hosen im Uhrzeigersinn (von links oben):
Drummer Wölli, Sänger
Campino und Rhythmusgitarrist Breiti in Aktion

Und so versäumte die sogenannte breite Masse einiges, bis sie endlich durch den Hit *Hier kommt Alex* ihre Liebe zu den Hosen entdeckte: Partys und Randale in kleinen, verräucherten Clubs, die bierselige Präsentation des Albums *Opel-Gang* in einer Frankfurter Unterführung, den Videoclip zu *Eisgekühlter Bommerlunder* (mit Kurt Raab als Pfarrer und Marianne Sägebrecht) – und die 1983 von der Band begründete Tradition, eine „Weihnachtssingle" aufzunehmen. Gleich mit der ersten dieser „Weihnachtssingles" zeigten sich die Toten Hosen musikalisch voll auf der Höhe der Zeit: Mit Fab Five Freddy verbogen sie den *Bommerlunder*-Song zum Rap.

1984 mußten Breiti und Campino ihren Zivildienst antreten – in einer psychiatrischen Anstalt. Stilecht, wie damals viele sagten. Im selben Jahr spielten die Düsseldorfer auf Einladung des BBC-Star-DJs John Peel in London ihre auf Maxi-Single erschienene John-Peel-Session ein, es entstand die Hosen-Fassung des *Kriminaltango* mit Kurt Raab als Sänger – und Auftritte mit „Heino" Norbert Hähnel sorgten für Aufsehen und erste Schlagzeilen. Fünf Jahre später hatte sich für die Hosen vieles geändert. Sie spielten in riesigen Hallen und standen mit *Hier kommt Alex* in der Single-Hitparade. Und für das Doppelalbum *125 Jahre Die Toten Hosen – Auf dem Kreuzzug ins Glück* ging es ins noble Studio des Starproduzenten Dieter Dierks. „Die haben die totale Küche hier", staunte Campino in der Mai-Ausgabe 1990 der Musikzeitschrift ME/Sounds. „Mit einer langen, gepflegten Tafel für die Herren Rockstars. Wir bestellen uns aber lieber einen Strammen Max und holen uns abends 'ne Pizza vom Italiener nebenan."

Ähnlich hielten es die Toten Hosen auch mit ihrer Musik: Sie spielten, woran sie gewöhnt waren – jedenfalls im großen und ganzen. Im Kern blieben ihre Lieder dem Stil der frühen Jahre treu, allenfalls wurden sie nach und nach ein bißchen melodischer, ein bißchen geschliffener, ohne dabei aber die gehörige Portion Rotzigkeit zu verlieren, die die Toten Hosen seit jeher auszeichnet. Nur einmal – für den *Willi*-Mehrteiler – brachen sie gründlich mit dem gewohnten Rahmen: 16 Minuten lang wird hier – so Campino zu ME/SOUNDS – „die Geschichte von einem Deppen" erzählt: „Als Kind kommt er ins Heim,danach stürzt er total ab – Drogenszene, Zeugen Jehovas. Und ganz am Ende ist er voll fertig und wird Polizist. Gerhard Polt spricht dazwischen die Kommentare von Onkel und Tante."

Nicht nur deshalb klang das Doppelalbum *Auf dem Kreuzzug ins Glück* ein wenig wie eine musikalische Bilanz der Band – die Platte enthielt auch einige bereits veröffentlichte Songs. Und die Fans befürchteten schon, die Düsseldorfer könnten nun eine schöpferische Pause einlegen – oder das einmal gefundene Erfolgsrezept noch einmal aufkochen. Doch die Toten Hosen überraschten alle: Mit dem nächsten Album kehrten sie zu ihren musikalischen Wurzeln zurück.

DER MUSIKGESCHMACK

„Diesen Bollero find' ich gut, aber ich könnte dir nicht sagen, ob dieser Raffell nun mit einem oder zwei l's geschrieben wird", alberte Campino 1990 in ME/Sounds über Maurice Ravels Bolero und seine eigene Beziehung zur klassischen Musik. „Klassische Musik ist für mich eine Runde zu brutal. Wenn du das in einem großen Raum hörst, wird die richtig bedrückend, das stehe ich nervlich nicht durch. Und die Charts-Musik? Ich schimpfe nicht generell auf die Charts – eine Charts-Plazierung ist für mich auch kein Qualitäts-Messer, weder im positiven noch im negativen Sinn. Es gibt auch gute Platten in den Charts – Neneh Cherry zum Beispiel. Aber so Gesänge wie ‚Pump ab das Bier' – ist das normal? Das ist eine Sauerei. Da ist bei mir die Geschmacksgrenze erreicht – das geht meiner Meinung nach genauso zu weit wie Heino mit seinen Acid-Versionen. Ich fand schon immer, daß Heino ein Arsch ist. Aber daß er jetzt diese Unverfrorenheit besitzt, dieser Dolchstoß gegen die Jugend – und daß die Jugend das auch noch frißt! Die Leute lassen sich ihre Musik heute wirklich von jedem Arschloch servieren, obwohl der 20 Jahre lang das Feindbild schlechthin war – ich jedenfalls würde diesem Rentner auf dem Gang sofort eins in die Fresse hauen. Daran sieht man doch auch, wie passiv die Leute solche belanglose Scheiße hinnehmen. Hauptsache, es sind die richtigen Beats pro Minute."

Die Meldung machte im Jahr 1991 schnell die Runde: Die Toten Hosen, Deutschlands populärste Punkrockband, hatten eine englischsprachige Platte aufgenommen: *Learning English, Lesson One* lautete der vielsagende Titel des neuen Albums. Und nicht wenige Fans und Kritiker vermuteten, die Toten Hosen würden nun als The Dead Trousers auf eine internationale Karriere zielen.

Doch damit lagen sie offenbar falsch: „Wir haben uns da einfach selbst mal einen Traum erfüllt", sagte Campino in einem Interview mit dem Journalisten Werner Herkert. „Einmal diese ganzen Leute zu treffen und mit denen zusammenzuarbeiten, die letzten Endes der Grund sind, warum wir jemals eine Gitarre in die Hand genommen haben.

Das sind Melodien gewesen, die uns als Kids mehr als nur beeinflußt haben. Die haben unser Leben teilweise verändert, haben unser Interesse an Musik geweckt. Dadurch, daß wir sie nun kennengelernt und entdeckt haben, daß die auf eine unheimlich gute Art ihr Leben verarbeitet haben und über sich selbst gut lachen können, sind wir heute eigentlich noch viel mehr eingefleischte Fans von ihnen."

Und auch Kuddel staunte nicht schlecht, als er mit den Stars von einst im Studio stand: „Es war super! Interessant war zum Beispiel, wie die ihren Sound hinbekommen. Wir haben uns natürlich im Proberaum zuvor reichlich Mühe gegeben, die Songs so original wie möglich nachzuspielen. Und es war teilweise gar nicht so einfach für uns, den Originalsound einigermaßen zu treffen. Man überlegt sich da alle möglichen Tricks und Kniffe, frickelt rum – und diese Typen kommen dann einfach ins Studio, bringen noch nicht mal die eigene Gitarre mit, schnappen sich die Gitarre von Breiti und stöpseln sie ein. Die sehen sich nicht mal an, wie der Verstärker eingestellt ist, und fetzen einfach drauflos. Und es klingt auf Anhieb so, wie es klingen muß – das ist absolut irre! Diese Lockerheit fand ich schon erstaunlich. Wir plagen uns herum, etwas einigermaßen hinzubekommen, was dann letztendlich doch nicht hundertprozentig klappt – und die spielen das Zeug einfach, und es klingt optimal. Oder die Abmischung, die sie auf den Kopfhörern haben wollen: Der eine will seine Stimme gar nicht hören, der ande-

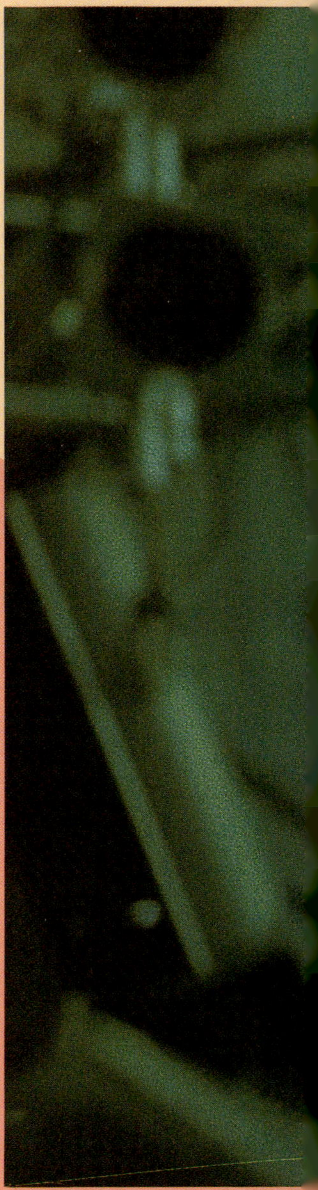

Hosen-Idole bei der Arbeit: Der Sänger der Lurkers (oben) und Gitarrist Johnny Thunders (links)

re praktisch nur seine Stimme... Wir haben sehr viel von ihnen gelernt. Von diesen Leuten können wir uns wirklich eine Scheibe abschneiden."

Knox, der Gitarrist und Sänger der Londoner Vibrators, erinnerte sich später an das erste Treffen mit der Band aus Deutschland: „Ich hörte, daß sie meine Songs spielen wollten. Sie kamen nach London und benutzten ein Studio im Norden der Stadt, das den Eurythmics gehörte. Mit ihnen zusammenzuarbeiten war eine neue Erfahrung für mich – und es war sehr einfach, denn ich mußte ja nur ein bißchen mitsingen."

Und der New Yorker Eric Goulden, Kopf und Namensgeber von Wreckless Eric, erzählte: „Sie besuchten mich eines Nachts in einem Club. Etwa 18 Monate ist das nun her. Und sie fragten mich, ob ich vielleicht einige meiner alten Songs mit ihnen aufnehmen würde. Ich tat es. Ich wußte gar nicht, daß ich so bekannt bin..."

Doch so unkompliziert das auch klingen mag: Der Schweiß floß schon bei der Arbeit an dieser Platte.

Campino zu den angenehmen Seiten des *Learning-English*-Projekts: „Es gibt mehrere Aspekte. Also einmal rein musikalisch gesehen. Wenn du als Band so vor dich hin lebst, dann hast du eigentlich kaum die Möglichkeit, einem anderen Musiker über die Schulter zu gucken, um zu sehen, wie der etwas macht. Man ist praktisch iso-

VOLXMUSIK

Mit Schunkelpunk wie *Eisgekühlter Bommerlunder* oder rumpeligen Cover-Versionen von deutschen Schlagern avancierten die Düsseldorfer Punkrocker in den vergangenen Jahren zu Pionieren der deutschen Volxmusik. Wichtig dabei: das ‚x' im Genre-Namen als Abgrenzung zum braven Beinahe-Namensvetter Volksmusik. Lieder wie *Azzurro*, *Die Sauerkrautpolka* oder *Schön ist es auf der Welt zu sein* verdrehten und verzerrten die Toten Hosen (zum Teil unter dem Pseudonym Die Roten Rosen) so lange, bis die Schmusehits von einst klangen, als seien sie schon im Original als lautstarker Scherz für Punkfreaks gedacht gewesen. Eine Vermutung, die – glaubt man Campino – so abwegig vielleicht gar nicht ist. „Der deutsche Schlager war die Glanzstunde der Musik", erklärte er 1989 in einem Interview im Brustton der Überzeugung. „Die alten Schlager sind teilweise wirklich genial – zum Beispiel *Die Zuckerpuppe aus der Bauchtanztruppe...*" Mit ihren rauhen, aber herzlichen Reminiszenzen an den deutschen Schlager erschlossen sie dem Punkrock in den 80er Jahren ein weites Feld – und gaben ihm ausreichend Möglichkeit, Humor und Selbstironie zu beweisen. Die Punkrockszene hat die Chance genutzt. Und nicht nur sie: Längst gelten Oldies wie Drafi Deutschers *Marmor, Stein und Eisen bricht* als sichere Lach- und Party-Nummern auf Hochzeiten, in Bierzelten, aber auch in Jugendhäusern. Den Hosen sei Dank.

liert. Für *Learning English* waren dagegen 15 Musiker zusammen – jeder mit seiner eigenen Technik, jeder mit irgendwelchen Tricks, die man sich gegenseitig noch gut abgucken konnte. Wesentlich wichtiger waren aber die Erkenntnisse, die jeder von ihnen mitbrachte. Die haben den Höhepunkt ihrer Laufbahn ja meistens schon hinter sich – und zeigten trotzdem keinen Neid und Eifersuchtsgefühle uns gegenüber. Sie sind nicht unzufrieden damit, wie ihr Leben alles in allem so verlaufen ist, und haben auf eine gute Art das Lachen über sich nicht vergessen. Dadurch ist uns wiederum vieles klargeworden. Vor allem, daß es nicht auf Ruhm und Kohle und solche Dinge ankommt. Wir haben gesehen, daß das nur in zweiter Linie wichtig ist. Für uns war die Arbeit an *Learning English* ein Lehrstück – in jeder Hinsicht."

Und zu den Schwierigkeiten: „Als wir die Bänder mit den Aufnahmen für den Mix der Platte durchhörten, waren an verschiedenen Stellen ‚dropouts', und es war zu befürchten, daß die Aufnahmen im Arsch waren. Das war schon deshalb ärgerlich, weil wir viele von den an den Aufnahmen beteiligten Musikern nicht mehr an den Start bekommen hätten. Doch die Aussetzer waren reparabel. Wir haben einige Spuren neu eingespielt – zum Glück war keine der Gesangsspuren dabei."

Da konnten die Hosen in der Tat von Glück reden, schließlich hatten sie einigen Aufwand betrieben, um die Songs für die LP *Learning English, Lesson One* unter Dach und

CLOCKWORK ORANGE

1988 beteiligten sich die Toten Hosen an einer Bühnenadaption von Anthony Burgess' Kultfilm „Clockwork Orange", die ein Bonner Schauspielensemble erarbeitete. Die Düsseldorfer spielten mit und schrieben Musik für die Aufführung – ein Teil dieser Musik war *Hier kommt Alex*. Campino: „Für uns war ‚Clockwork Orange' schon immer ein Kultfilm. Und schließlich haben wir gemerkt: Theater – das ist eigentlich die Welt der Punks. Die sind genauso bescheuert wie wir. Viele von denen spielen ihre Rolle noch, wenn sie in der Kantine eine Frikadelle bestellen."

Wreckless Eric – mal mit Fan Campino (oben), mal ohne (links) – zählten zu den Alt-Punkern, die an *Learning English, Lesson One* mitarbeiteten

Fach zu bekommen: Das Album entstand unter anderem in London, New York und Rio de Janeiro.

„Rio", erklärte Campino, „war schon deshalb schlicht und einfach unvermeidlich, weil man Ronald Biggs, mit dem wir zusammenarbeiten wollten, eben nur dort treffen kann. Schließlich wird der Mann wegen des Postraubs in den 60er Jahren von Interpol gesucht."

„Und die Sache mit New York und dem Besuch bei Johnny Ramone", fuhr er fort, „war deshalb ein Muß, weil für diese Platte der Geist der Musik eine wichtige Rolle spielte. Ich glaube, diese ganzen klassischen Nummern in Düsseldorf einzuspielen, das hätte lange nicht so gut funktioniert wie in der Atmosphäre und Umgebung, in der die Lieder damals auch entstanden sind."

Die Mühe hat sich gelohnt: Die Songs klangen auch mehr als ein Jahrzehnt nach ihrer Entstehung noch authentisch – und auch die Punk-Altmeister, deren Songs die Hosen einspielten, waren zufrieden mit den Aufnahmen ihrer musikalischen Nachfahren.

Charlie Harper zum Beispiel, der mit seiner Band UK Subs das Original von *Strangehold* aufgenommen hatte. „Ich muß eines endlich mal loswerden", sagte er in einem Interview. „Die Toten Hosen haben unseren Song großartig gecovert. Wir spielen ihn heute natürlich etwas anders als früher – und werden das wohl auch weiterhin tun. Aber die Hosen verbesserten unser Lied zweifellos. Ich glaube, die Leute wollen nun eher die Version der Toten Hosen hören als unsere eigene – wir sind eben nicht so gut wie die Hosen..."

Wie die Lurkers (oben) sind auch die Vibrators (links) von ihren Verehrern begeistert: „Die Studioarbeit mit den Toten Hosen war eine neue Erfahrung für mich"

• Das Cover des Albums...

... zeigt die Hosen als napoleonische Soldaten auf dem verlustreichen Rückzug durch den russischen Winter. Ein solches Gemälde gibt es auch als wertvolles Original, allerdings ohne die Toten Hosen. Und ohne Jimi Hendrix, Sid Vicious, Elvis Presley und eine blutverschmierte Nickelbrille, die auf der Rückseite des Klappcovers im Schnee liegen. Breiti: „Das Cover stammt von einem holländischen Bilderfälscher. Der sitzt normalerweise in Amsterdam, fälscht Rembrandts und verhökert die unter der Hand nach Japan. Aber sag's nicht weiter..." Campino: „Hendrix, Vicious, Presley und Lennon, dessen Brille zu sehen ist – alle eines unnatürlichen Todes gestorben..." Breiti: „Wir stehen ja auch schon ganz verfroren und verschissen rum." Andi: „Wir werden wohl die nächsten sein..."

• Der Umfang der Platte...

... überraschte mit immerhin mehr als 30 Songs und der Aufmachung als Doppelalbum – eine Form, die bisher als nicht gerade typisch für Punkbands galt. Andi: „Wir hatten so unterschiedliches Material, daß das – auf einer einzigen LP untergebracht – irgendwie komisch gewirkt hätte." Campino: „Du kannst auf einer normalen LP auch keine Aktion wie die mit Gerhard Polt machen, die über 16 Minuten in Anspruch nimmt. Damit würdest du einfach den Rahmen einer gewöhnlichen Platte sprengen. Ein Doppelalbum ist dafür da, daß du dir Seitensprünge erlauben kannst, daß du rumexperimentierst und dich austobst." Andi: „Und eigentlich stöhnen deshalb auch alle, wenn du ein Doppelalbum machen willst." Campino: „Das ist für die Plattenfirma ein viel größeres finanzielles Risiko. Die sagen dann auch: ‚Ach Jungs, muß das denn sein?' Es mußte. Die zweite Platte ist im Grunde eine Fanplatte mit der Country-Version von *Liebesspieler*, dem Bommi-Rap und dem Reggae-Stück. Es ist auf jeden Fall eine Platte, über die man sich streiten kann. Auf der ersten LP sind natürlich unsere Standard-Ballernummern drauf."

• Die Willi-Trilogie...

... präsentiert die Toten Hosen in Zusammenarbeit mit dem Kabarettisten Gerhard Polt und seiner langjährigen Begleitband Biermösl Blosn. Campino: „Wir haben uns immer gegenseitig besucht und gut verstanden. Es war klar, daß wir früher oder später etwas zusammen machen würden. Entweder wir bei ihnen oder sie bei uns. Es wird sicher auch nicht das letzte Mal gewesen sein." Andi: „Das Ganze sollte eigentlich länger werden. Wir wollten ursprünglich eine Mini-Oper schreiben, aber es war Starkbierzeit, und es hat irgendwie nicht geklappt. Wir kamen im Studio nicht so richtig voran."

RAMONES

LEARNING ENGLISH

„Die ganze Platte", erklärte Campino, „besteht nur aus Cover-Versionen. Eben aus Liedern, die auch im Original in englischer Sprache waren. Und hätte man sie übersetzt, hätte man die Dinger sehr wahrscheinlich ruiniert. Wenn wir selbst neue Sachen schreiben, werden die wohl wieder deutsche Texte haben."

Zu hören sind auf *Learning English, Lesson One* Songs von den UK Subs, 999, Wreckless Eric und den Vibrators. „Ich sehe diese Platte als beste Methode, sich mit den Klassikern des Punkrock vertraut zu machen", sagte Campino in einem Interview mit der SCHWEIZER ILLUSTRIERTEN und schilderte auch gleich, wie es zur Zusammenarbeit mit den Punkstars von einst gekommen war: „Wir haben mit denjenigen Musikern Kontakt aufgenommen, die uns am meisten imponiert haben. Zum Beispiel mit den UK Subs oder den Ramones. Wir sind zu ihnen gereist und haben mit ihnen zusammen Cover-Versionen ihrer größten Erfolge aufgenommen."

„In Rio haben wir Ronald Biggs besucht", erzählt Campino von der Begegnung mit einem der berühmten Posträuber, die in den 60er Jahren in Großbritannien fast zu einer Art Volksheld aufgestiegen waren, weil sie einen Geldzug der Post ausräumten – ein Coup, den sie mit viel Raffinesse vorbereiteten und (viel wichtiger) praktisch ohne Gewaltanwendung ausführten. Campino: „Biggs steht ja heute noch auf den Fahndungslisten von Interpol. Er darf die

LESSON ONE

Stadt Rio de Janeiro nicht verlassen, muß sich sogar zweimal pro Woche dort bei der Polizei melden. Er lebt da also unter so einer Art Sonderstatus, in einem goldenen Käfig. Und wer da nicht hinfährt, kann ihn auch nicht treffen. Deshalb war der Flug nach Rio für uns eine unvermeidliche Reise."

Die Reise lohnte sich: Mit Biggs als Texter schrieben sie den Song *Carnival In Rio (Punk Was)*, der im Herbst 1991 als Vorab-Single aus der LP ausgekoppelt wurde. Und mit der nächsten Single – der Cover-Version des Vibrators-Klassikers *Baby Baby* – konnten sich die Hosen sogar in der britischen Single-Hitparade plazieren. Lob und Bestätigung von allen Seiten gab es für die Toten Hosen auch nach Veröffentlichung des Albums. Im April 1992 schafften die Düsseldorfer mit der LP den Einstieg in die britischen Charts. Und Knox von den Vibrators urteilte über seine musikalischen Verehrer: „Die Platte ist richtig gut geworden, finde ich. Es ist für jeden etwas Interessantes drauf. Die Hosen haben keinen einzigen schlechten Song gecovert." Kurz: *Learning English, Lesson One* war ein voller Erfolg. Ob nun *Learning English, Lesson Two* folgen würde? Campino winkte ab: „Wenn es eine zweite Lektion geben würde, dann würde das nur bedeuten, daß jeder selbst nach London fahren, sich für vier Pfund irgendwo in einen Club stellen, sich dort mit 35 anderen Verrückten einige Guinness reinziehen und eine unbekannte Band anhören soll."

Ärger um die Toten Hosen

Was wäre eine Punkrockband ohne Leute, die sich über sie aufregen? Eben! Und deshalb begnügten sich die Toten Hosen schon frühzeitig nicht mehr damit, einfach ihre Haare bunt einzufärben. Die Toten Hosen waren immer für ein bißchen Ärger gut.

Und manchmal konnten sie nicht einmal etwas dafür. Wie damals, als eines der berühmt-berüchtigten Party-Konzerte der Band die Düsseldorfer gegen ihren Willen bundesweit in die Schlagzeilen der Boulevard-Presse brachte.

Die Geschichte begann so: Jemand hatte angerufen und die Hosen gebeten, für seinen Kumpel auf einer Party in der Villa von dessen Vater zu spielen.

„Das war vielleicht ein Ding", staunte Campino noch lange danach. „Bei so einer Magical Mystery Tour weißt du ja ohnehin nie, wo du hinfährst und was bei der Geschichte am Ende herauskommt. So war's auch diesmal. Wir hatten mit jemandem telefoniert, an dessen Namen ich mich heute nicht mehr erinnern kann. Und wir sollten ursprünglich bei ihm im Haus spielen."

„Wir fuhren also los, und als wir unterwegs von einer Autobahnraststätte aus anriefen und fragten, wo es denn nun langgehe, meinte der nur: ‚Fahrt da und da hin und klingelt bei Albrecht. Dort wohnt mein Kumpel.' Plötzlich standen wir also vor diesem Kumpel – und es war doch tatsächlich der Sohn des damaligen Ministerpräsidenten von Niedersachsen, Ernst Albrecht."

„Wir hatten ja bis kurz vor Schluß nicht kapiert, um welchen Albrecht es da ging. Erst als wir vor dem Haus all die Selbstschußanlagen gesehen haben, wurde uns allmählich klar, was da für ein Film lief. Da haben wir uns wirklich noch kurz überlegt, ob wir den Gig tatsächlich durchziehen sollten. Die Gäste dieser Live-Party waren alle schon da, und wir grübelten: verpissen oder nicht? Aber letztendlich haben wir uns gesagt: ‚Was kann der denn für seinen Scheißvater? Also laß uns doch machen.' Wir sind dann also zu dem Sohn von Albrecht hingegangen und haben ihm gesagt: ‚Paß auf, wenn du uns garantierst, daß das nie einer erfährt, und wenn du die Zeitungsfritzen wegschickst, dann spielen wir.' Und er sagte: ‚Na klar, das kann ich euch grantieren. Keiner wird etwas von diesem Auftritt erfahren.' Der Fotograf da drüben, versicherte er, sei ein Freund, der ein paar Bilder fürs Familienalbum knipsen wolle. ‚Okay', haben wir gesagt, ‚wir spielen.'"

„Der Abend ging irgendwie über die Bühne. Wir waren froh, daß es keiner mitbekommen hatte – und dann haben wir zwei Wochen später im Spiegel gelesen, wie liberal und doll die Party gewesen sei. Es hat sich noch während der Party herausgestellt, daß der Fotograf doch ein Profi war. Da waren wir ziemlich sauer. Wir hatten daraufhin einen handfesten Streit mit Albrecht, wobei auch etwas Geschirr zu Bruch ging, und er wollte uns letztendlich rausschmeißen. Der Sohn hat uns dann abends noch 500 Mark dafür angeboten, daß wir nicht im Haus seines Vaters, sondern im Hotel übernachteten. Aber: Einmal in Genschers Bettchen schlafen – das wollten wir uns natürlich dann doch nicht nehmen lassen."

„Das Frühstück", maulte Campino wenig später, „war dann allerdings eine echte Sauerei. Wir haben schon bei vielen Leuten gespielt. Bei Leuten, die in Hochhäusern wohnen und die uns weit besser aufgenommen und bewirtet haben als diese Typen in dieser Villa. Wir sind uns an diesem Abend und am Morgen danach mit unserer Idee von den Party-Gigs für jedermann regelrecht verarscht vorgekommen."

Campinos Fazit: „Wir haben für einen Idioten gespielt, der mit seinem Vater ‚auf prominent' macht – und so war das Ganze mit unserem damaligen Party-Konzert nicht gedacht. Seit dieser Zeit kontrollieren wir immer sehr genau, wo wir hinfahren. Schade, daß das inzwischen nötig ist."

Von links nach rechts: Heino, Heino, Heino, Heino, Heino… Die gemeinsamen Auftritte von „Heino" Norbert Hähnel mit den Toten Hosen brachten ihn vor Gericht. Dort erschien er mit reichlich Verstärkung

1992 ist das Jahr eines denkwürdigen Doppeljubiläums. An Ostern 1982 gaben die Düsseldorfer Punkrocker in einem Bremer Club ihr erstes Konzert unter dem heutigen Bandnamen, im Oktober 1982 profitierte der damalige Vorsitzende der CDU/CSU-Bundestagsfraktion von einem erfolgreichen Mißtrauensvotum gegen SPD-Bundeskanzler Helmut Schmidt und wurde Bundeskanzler. Einiges hat sich verändert seit damals – und viele sehen vieles heute anders. Sternmärsche gegen den NATO-Doppelbeschluß damals, applaudierende Gaffer vor angegriffenen Asylantenheimen heute – ganz so platt läßt sich die Entwicklung sicher nicht zusammenfassen. Aber es ist immerhin mehr als fraglich, ob heute noch ebenso viele Menschen wegen einer Volkszählung auf die Barrikaden gehen würden wie damals in den 80ern. Mehr oder weniger dieselben geblieben sind – Kohl und die Hosen. Und das Verhältnis dieser beiden Institutionen der jüngeren deutschen Geschichte zueinander scheint ebenfalls unverändert: Desinteresse an den Toten Hosen aus Bonn, Witzchen über Kohl aus Düsseldorf. Campino 1989: „Wir orientieren uns immer mehr am Kanzler. Da heißt die Parole: aussitzen, auch wenn man keine Qualitäten besitzt." Das wurde 1992 von den Lesern der Zeitschrift ME/SOUNDS belohnt: Sie kürten Campino zu dem deutschen Popstar, den sie am ehesten zum deutschen Kanzler wählen würden. „Der Kanzler", so erklärte Campino bei einer anderen Gelegenheit, „hat mit uns ja vieles gemein. Er hat nicht viele Qualitäten, er ist meiner Meinung nach ein ausgesprochener Sesselpupser – das sind alles Dinge, für die wir sehr viel Verständnis haben." Als das Karlsruher Stadtmagazin JOURNAL im Sommer 1992 in einem Vorbericht zum Open-air-Festival der Toten Hosen im badischen Waldbronn eine kritische Äußerung Campinos zum Thema Helmut Kohl abdruckte – „Jeder ordentliche deutsche Kartoffelsalat macht seine Sache im Ausland besser als dieser Mensch" –, reagierten die Gemeindevertreter von Waldbronn äußerst verstimmt. Dazu Campino: „Es ist natürlich traurig, daß man sich in so 'ner Stadt über so etwas aufregt. Man muß doch mal die Wahrheit akzeptieren können – das ist doch wirklich albern. Ansonsten freue ich mich, daß ich die richtigen Leute mit diesem Kommentar getroffen habe. Ein herzlichen Gruß an den Bürgermeister!"

KOHL UND DIE HOSEN

Kabbeleien mit Kohl brockten den Hosen immer wieder Ärger ein – für weitere Skandale sorgten das falsche EMI-Logo (links oben und rechts) und der falsche Heino (oben)

Ein anderer Auftritt brachte ihnen ebenfalls nicht nur Freude ein – obwohl sie es wirklich nur gut gemeint hatten. In Rheinhausen soll das dortige Stahlwerk geschlossen werden. Campino wettert: „Das übelste Beispiel von Kapitalismus" – und die Hosen geben ein Benefizkonzert für die Rheinhausener Stahlarbeiter. „Die Leute", wurde der Sänger im Juni 1990 im STERN zitiert, „identifizieren sich mit ihrer Zeche, ihrem Werk. Was auch immer hier im Ruhrpott los ist, die sind an ihren Werkzeugen mehr als an den Titten von der Ollen, verstehste?! Das ist irgendwie 'n Stück Leben, was du ihnen wegnimmst." Doch das Engagement der Toten Hosen stieß nicht nur auf die Aufmerksamkeit der Presse und die Dankbarkeit der Kumpels, wie Campino außerdem zu berichten wußte: „Wir sind die Klischeevertreter von den Jungs, und die sagen sich innerlich: Wat sind dat denn für welche? Die haben doch nie hier hinter gestanden, hinter der Brennmaschine – und das stimmt!"

Falsch verstanden wurden die Toten Hosen auch 1989. Damals sorgte ein Song der Band für doppelte Aufregung: Die Fans stürmten die Plattenläden wie nie zuvor für eine andere Platte der Band – und einige selbsternannte Hüter der Moral „erkannten" in dem Text des Punkrocksongs eine Aufforderung zur Gewaltanwendung. Die Rede ist von der Hit-Single *Hier kommt Alex*. Eine der beanstandeten Stellen im Text lautete: „Mit Stöcken oder Steinen – irgendwann platzt jeder Kopf."

Nur schade, daß sich niemand fragte, was tatsächlich hinter der Geschichte des Songs stand – und wie er zustande gekommen war. 1988 hatten die Toten Hosen zur Bühnenfassung von Anthony Burgess' „Clockwork Orange" Musik beigesteuert, und auch der Song *Hier kommt Alex* war von der Geschichte des Gangleaders Alex inspiriert, der aus Frustration und Ziellosigkeit Leute terrorisiert. „Ich finde", sagte Campino einmal, „daß das Thema heute aktueller denn je ist. Die Problematik, um die es in ‚Clockwork Orange' geht, kannst du auch heute noch volle Kanne haben: grundlos randalierende Jugendliche." Und eben darauf hatten die Toten Hosen mit ihrem Stück aufmerksam machen wollen.

Aufmerksamkeit erregte die Band statt dessen immer wieder für sich selbst – als Bürgerschreck-Truppe vom Dienst. Für den Videoclip zur Hosen-Hymne *Eisgekühlter Bommerlunder* zum Beispiel drehten sie mit den Schauspielern Kurt Raab und Marianne Sägebrecht in einer Kirche. Die Folgen: Das Video wurde zum Kultobjekt der Fans – und das Gotteshaus galt für die Kirchenoberen daraufhin entehrt und mußte eigens neu geweiht werden.

Aber auch schon Jahre vor *Hier kommt Alex* und dem Kurzfilm zu *Bommerlunder* stießen die Düsseldorfer Punkrocker in manchen Teilen der Bundesrepublik auf blankes Entsetzen, vornehmlich die Honoratioren aus dem CSU-regierten Bayern ereiferten sich über die chaotischen Jungs aus dem Rheinland.

„Wir haben immer schon in Bayern gespielt", grinste Campino einmal, „seit Jahren. Und wir kennen da bestimmte Grenzübergänge in den Freistaat, die nicht so scharf kontrolliert werden. Der Bayer als solcher kann ja auch irgendwie nichts dafür – er ist auch nur ein Mensch. Vielleicht sollten sie sich da unten weniger mit Traktoren beschäftigen und auch mal ein bißchen rumhorchen, was so los ist. Aber immerhin bringen sie ja ein gutes Bier zustande. Bisher haben wir jedenfalls noch nie ein Visum gebraucht für unsere Auftritte in Bayern. Ehrlich gesagt: Wir wundern uns schon ein bißchen, daß wir denen seit Jahren durch die Netze schlüpfen können. Aber so lange das so gut geht, werden wir immer wieder hinfahren und die Leute dort ein bißchen ärgern."

Andere „Reibereien" gehen der Düsseldorfern da schon weit mehr an die Nieren. Campino: „Wir lassen Leute mit Deutschland-Aufnähern und mit Sprüchen wie ‚Ich bin stolz, ein Deutscher zu sein' gar nicht erst in die Halle. Ich kann mit Fug und Recht behaupten, daß so faschomäßig angehauchte Leute bei uns erst gar nicht reinkommen. Auf solche Typen haben wir keinen Bock. Wir haben mal ein Lied zu diesem Thema gemacht: *Ülüssü* – ein ironisches Stück, das leider nicht alle so verstanden haben, wie es gemeint war. Das war ziemlich ärgerlich. Ich weiß, daß das Thema zu brisant ist, um einen Text darüber zu schreiben, der am Ende peinlich stumpf wird. ‚Scheiß Nazis!' – daß das unsere Einstellung ist, muß von vornherein klar sein.

Und jeder, der unsere Platten hört, weiß, auf welcher Seite wir da stehen. Wir sind, was das angeht, alles andere als neutral. Aber ich glaube, daß du nicht über das Niveau von Biertischpolitik hinauskommst, wenn du dich da vor 4000 Leuten auf der Bühne hinstellst und reinrufst: ‚Hört mal! Seid mal ein bißchen freundlicher zu den Ausländern!' Das wäre doch das letzte Gewichse. Da muß man, finde ich, ganz anders ansetzen. Wir sind doch kein Messias. Wir werden uns nicht vor den Leuten aufbauen und ihnen sagen: ‚Ihr müßt jetzt das und das und das tun.' Aber ich schwöre dir eins: Es wird keinen Abend in unserer Bandgeschichte geben, an dem wir weiterspielen würden, wenn zum Beispiel eine Gruppe irgendwo im Publikum ‚Sieg Heil!' rufen würde. Sobald wir so etwas auf der Bühne zu hören bekommen, hören wir sofort auf zu spielen."

Ob so etwas denn schon vorgekommen sei? „Allerdings", knurrt Campino. „Das ist schon einmal passiert – zu Zeiten, als wir noch nicht so bekannt waren. Damals, es war in der Schweiz, standen plötzlich irgendwelche Nazis da. Vermutlich waren sie eh nur dort aufgetaucht, um in einer Halle Randale zu machen, wo ein Haufen Jugendlicher zusammengekommen war. So etwas gab's früher auch aus anderen Gründen häufiger – und wir haben das immer auf unsere Art geregelt. Wie, das will ich jetzt hier nicht so ausführlich darstellen. Jedenfalls haben wir immer gut dabei ausgesehen."

In der Zeitschrift COSMOPOLITAN wurde im November 1991 geschildert: „Als einmal eine Armee blutrünstiger Skinheads ein Konzert sprengte und beim Sturm auf die Bühne bereits die Securities überwältigt hatte, stürzte sich Campino, ganz allein und nur mit seinem Mikrofon bewaffnet, in den Nahkampf." Die verdutzten Skins hätten sich – so berichtete COSMOPOLITAN weiter – den unerwartet schlagfertigen Hosen daraufhin prompt als Bodyguards angeboten.

„Es wird keinen Abend in unserer Bandgeschichte geben", schwört Campino, „an dem wir weiterspielen, wenn unten im Saal einer ‚Sieg Heil!' ruft"

„Wer unsere Platten hört", sagt Campino, „weiß, auf welcher Seite wir stehen. Wir sind alles andere als neutral"

DIE SKANDALCHRONIK DER TOTEN HOSEN

• 1985...

...wechselten die Toten Hosen ihre Plattenfirma – und bekamen prompt Ärger. Die Hosen hatten auf dem Cover des Virgin-Albums *Unter falscher Flagge* das Logo von EMI veräppelt: EMI läßt einen Hund vor einem Grammophon hocken – die Hosen ließen das Tier zum Skelett abmagern. Die Platte wurde vorübergehend aus dem Verkehr gezogen.

... bekam ein Live-Gast der Hosen Probleme. Als „Heino" hatte er sich zur Lachnummer der Punkszene entwickelt, doch der Volksmusiker gleichen Pseudonyms, Heinz-Georg Kramm, verklagte Norbert Hähnel. Kommentar von Hosen-„Heino" Hähnel: „Ich bin der echte Heino." Das Bonner Landgericht erließ folgende einstweilige Verfügung: Tritt Hähnel weiterhin als Heino auf, droht eine Geldstrafe von bis zu 500000 Mark oder eine entsprechende Haftstrafe. Der Spruch des Landgerichts wurde später bestätigt – obwohl zur Verhandlung gleich eine ganze Armee von „Heinos" erschien.

• 1986...

... erhielt die Band Auftrittsverbot auf Helgoland. Die Reaktion der Hosen: Mit kompletter Crew und rund 350 Fans machten sie sich auf den Weg zur Insel, um dort statt dessen ein Fußballturnier auszutragen – eingerahmt von 100 Polizisten mit Hunden, eskortiert von einem Polizeiboot.

• 1990...

... wetterte der Düsseldorfer Studentenpfarrer Monsignore Klinkhammer im STERN: „Das ist Gotteslästerung! Statt ehrfürchtig zu sein, versinken diese Menschen in Schmutz und Dreck." Die Hosen hatten die Single *Alles wird gut* veröffentlicht – und das Cover mit einem biblischen Motiv versehen: mit einem Ausschnitt aus einem Gemälde, auf dem der flämische Barockmaler Peter Paul Rubens die Kreuzigung Christi darstellte. Einzige Änderung: Der Zettel, der dem Gekreuzigten vom Querbalken herunter in den Nacken fällt, trug den neuen Text „D.T.H. Alles wird gut". Immerhin – einen Vorwurf machten sich die Hosen. Trini Trimpop: „Wir hätten Campino ans Kreuz nageln sollen."

... kletterten die Toten Hosen nach ihrem Konzert in der Stuttgarter Schleyerhalle über den Zaun des Freibads im Stadtteil Sillenbuch. Dort feierten sie eine Spontan-Party. Die nächtliche Open-air-Fete wurde von anrückenden Polizisten beendet – um 0.43 Uhr, wie das Protokoll später auswies. Zitat aus dem Polizeibericht: „Bei unserem Eintreffen im Freibad wurden die Täter eins bis drei sowie drei Geschädigte teilweise beim Nacktbaden angetroffen." Ein ungeheurer Skandal, keine Frage. Und deshalb schließt das Protokoll mit den Worten: „Es wird mit dem Bäderamt abgeklärt, ob Strafantrag wegen Hausfriedensbruchs gestellt werden muß."

ESP

Die Toten Hosen live

Die Hosen live – das hieß zu Anfang: Sitzkonzerte in kleinen Clubs, Partys für die Insider der Szene. Heute stehen sie auf der Bühne, und das vor zigtausend Fans. Aber nach wie vor bedeutet eine Live-Show der Hosen: Campinos Sprung ins Publikum, Party auf der Bühne, Stimmung in der Halle. Und – manchmal – Anfeindungen von Nicht-Punks.

Mit dem Großteil der Fans zeigten sich die Hosen freilich mehr als zufrieden. „Unser Publikum", strahlte Campino 1989, „ist ganz super gemischt. Das ist auch das Schöne an der Tatsache, daß inzwischen mehr Leute in unsere Konzerte kommen – es kommen eben damit einfach auch mehr unterschiedliche Leute zu uns. Mir ist das nur recht, denn ich bewerte niemanden danach, wie er aussieht. Solange er bereit ist, in unserem Konzert Spaß zu haben, und nicht versucht, andere Leute zu drangsalieren, ist er herzlich willkommen. In unserem Publikum soll jeder seinen Spaß haben – Aggressionen sollten am besten gar keine aufkommen. Ich hasse Spannungsfelder, die ganze Band haßt das. Wir können auf der Bühne keinen Spaß haben, wenn unten in der Halle kein Spaß ist. Und deshalb gibt es für unser Publikum eine Hauptregel: Es muß irgendwie eine Party abgehen."

An diese Regel halten sich die Hosen-Fans seit Jahren. Auch wenn die Meldungen, die nach solchen Live-Partys die Runde machen, manchen Eltern Sorgenfalten auf die Stirn treiben. Von Bierlachen, in denen sturzbetrunkene Fans schnarchen, ist da die Rede. Von Randale, Schlägereien. Campino winkt ab: „Irgend etwas passiert doch immer und überall – das kommt in den besten Familien vor. So etwas wird deshalb auch oft aufgebauscht. Ich glaube nicht, daß es in unseren Konzerten tatsächlich dermaßen schlimm zugeht, wie immer geschrieben wird."

Mit zunehmendem Erfolg wurden die Hallen, in denen die Toten Hosen auftraten, immer größer. Als sie zum Beispiel im Jahr 1989 in die Stuttgarter Gegend kamen, reichte keiner der dortigen Live-Clubs mehr aus, im März mußten die Hosen ins Esslinger Zentrum Zell und im Mai nach Böblingen in die dortige Sporthalle ausweichen.

Doch im Jahr darauf, als sie für den nächsten Auftritt im „Schwabenländle" – diesmal vor rund 10000 Fans – sogar in die Stuttgarter Schleyerhalle „umziehen" mußten, hatten sich die Toten Hosen mit der neuen Situation bereits angefreundet: „Man kann doch nicht zehn Jahre lang im gleichen Club spielen, da kann man doch keinen mehr überraschen. Jetzt sind andere dran, sich durch die Clubs zu nudeln."

Die Kritiken zur Tournee bescheinigten der Düsseldorfer Band, daß sie den Wechsel in die oft unpersönlich wirkenden Hallen gut überstanden hatte. „5000 dankten mit Schlachtgesängen wie an der Anfield Road", jubelten etwa die STUTTGARTER NACHRICHTEN. „Die Hallengröße spielt für die Toten Hosen keine Rolle mehr. Sie packen alles. Die Opel-Gang fährt voll ab." Und BRAVO sang in einem Tourbericht Anfang Mai ebenfalls das hohe Lied auf die Düsseldorfer Party-Punker: „Bei den Zugaben geht es oft erst richtig ab. Dann nämlich schwingt sich Hosen-Artist Campino auf die meterhohen PA-Türme, singt dabei – kopfüber über den Fans hängend – *35 Jahre* oder wälzt sich beim *Altbierlied* auf dem Boden, so daß Roadie Bollock ihn aus dem Kabel-Salat entwirren muß. Vor der vierten Zugabe schließlich, bei der Hosen-Hymne *Eisgekühlter Bommerlunder*, hat es auch Bassist Andi von den Socken gehoben: Er bearbeitet seinen Baß am Boden kauernd auf dem Rücken. Wahnsinns-Gigs dieser Art sind im wahren Hosen-Leben jedoch oft erst so eine Art Aufwärm-

Phase, bevor sich die Band ins Nachtleben des jeweiligen Tour-Ortes stürzt."

Zur Ehrenrettung der Toten Hosen sei erwähnt, daß BRAVO auch von weniger ordnungswidrigen Vergnügungen der Band zu berichten wußte: „Als wir", wurde Campino zitiert, „einmal während der Fahrt im Tour-Bus an einem verschneiten Hang vorbeikamen, haben wir spontan angehalten, alle Müllsäcke und Plastiktüten aus dem Bus gesammelt und sind darauf erst mal 'ne Runde den Hang runtergerodelt."

Auch in anderer Hinsicht haben sich die Hosen viel von ihrer ursprünglichen Freude an ausgefallenen Aktionen bewahrt. So tourten sie zum Beispiel im Frühjahr 1990 mit dem Fahrrad durch Ostdeutschland – ungewöhnlich für eine Rockband, eher bieder für die Hosen. Denn in den Jahren zuvor hatten sie immer wieder „Geheimkonzerte" in den Ländern des damals noch festgefügten Ostblocks gegeben, hatten sich dazu als Touristen über die Grenze gemogelt, um dann in illegalen Treffs der Underground-Szene aufzutreten.

Und sie sind auch heute noch bereit, auf Partys als Überraschungsgäste aufzutauchen und dort in privatem Rahmen für eine „Gage" von ein paar Flaschen Bier, den Spritkosten und einer Gratis-Übernachtung zu spielen. Campino: „Es sind zwei grundverschiedene Dinge, ob du auf einer Party spielst oder einen richtigen Gig machst. Beides möchte ich nicht missen."

DIE HOSEN IM AUSLAND

1990 wurden die Toten Hosen zum New Music Seminar in New York eingeladen – einem alljährlichen Treffen des internationalen Musikbusineß, das branchenintern etwa den Rang der Filmfestspiele in Cannes oder des Jazzfestivals in Montreux hat und sein Programm mit Vorträgen, Konferenzen, Seminaren und zahlreichen Konzerten bestreitet. Dort traten die Hosen also auf – in einer zum Live-Club umgebauten Kirche. „Zu unserem Konzert kamen lauter Leute, die uns überhaupt nicht kannten, und alle waren sturzbesoffen", erinnerten sich die Düsseldorfer später. „Das waren eben echte Hardcore-Punks, richtige Knalltüten, die einem noch ehrlich die Meinung sagen und einen so richtig anpöbeln, wenn ihnen etwas nicht paßt – das macht Spaß! Und es gab auch 'n bißchen Schlägerei in dem Gebäude, in dem wir auftraten, aber da spielten wir leider gerade einen Stock tiefer und hörten deshalb nur ein paar Blumentöpfe plumpsen." Campino: „Ich habe mir ein Seminar mit Barry White reingezogen. Der Kerl ist ohne Zweifel der Größte! Wenn der nur den Mund aufmachte, vibrierte schon der ganze Saal." Andi: „Man kann sich während des New Yorker Seminars immer ein paar gute Bands ansehen, allerdings gab's diesmal viel von der Rap-Schiene, was uns weniger interessiert hat." Und später fügte er hinzu: „Wir machen immer wieder gerne mal einen Abenteuerurlaub. Wir wußten natürlich, daß uns dort keiner kennt, aber der Auftritt war schließlich ganz okay. Grillparty in Brooklyn, Rumhängen in der Bronx, Holzachterbahnfahren auf Coney Island, das kann ich jedem nur empfehlen." In London dagegen konnten sich die Toten Hosen inzwischen eine recht ansehnliche Fangemeinde erspielen. 1991 hatten sie ihr Live-Debüt in der Themse-Metropole abgeliefert; und als sie im März und April 1992 zwei Gigs in London absolvierten, konnte sich das Ergebnis sehen lassen. „Campi & Co endlich reif für die Insel", jubelte zum Beispiel das Jugendmagazin BRAVO nach dem März-Konzert der Hosen im rund 200 Zuschauer fassenden Kellerclub Borderline. „London-Gig in 15 Minuten ausverkauft! Die Jungs donnern ihrem Publikum erst mal deutsche Titel um die Ohren, Campi macht englische Ansagen, und außer einigen Whisky- und Apfelkornflaschen werden später auch einige Punk-Vorbilder der Hosen live auf der Bühne begrüßt." Darunter auch einige Musiker der Band 999. Und einen Monat später feierten die Düsseldorfer im legendären und ebenfalls gut besuchten Marquee Club eine Live-Party, an der unter anderem auch Wreckless Eric als Bühnengast teilnahm. Im Marquee waren schließlich fast ein halbes Dutzend Zugaben fällig – und die Toten Hosen konnten sich zufrieden lächelnd zurücklehnen: Sie hatten die Feuertaufe im Heimatland des Punk bestanden.

1990 in New York, 1991 und 1992 in London – die Hosen aus Düsseldorf werden international salonfähig

Waldbronn bei Karlsruhe, 22. August 1992. „Das ist mein sechstes Hosen-Konzert in diesem Jahr", sagt die hübsche Priska aus Zürich und strahlt über beide Backen. Kein Wunder: Das halbe Dutzend darf sie von einer ganz besonderen Warte aus voll machen – sie steht auf der Bühne, hinter den Lautsprechertürmen der Verstärkeranlage, und hat ihre Idole und deren Vorbilder fast zum Greifen nahe. „Die Jungs sind wirklich supernett", freut sie sich. „Kein bißchen eingebildet. Die haben es einfach drauf, eine gute Fete aufzuziehen."

Die Toten Hosen und ihre Fans. Auch Christine Merkel kann davon ein Lied singen. Die Elfjährige aus Osnabrück war an Leukämie erkrankt und hatte Kontakt mit „Wünsch Dir was" bekommen. Die Kölner Organisation hat es sich zur Aufgabe gemacht, kranken Kindern mit Hilfe von Prominenten Wünsche zu erfüllen – und Christine hatte sich gewünscht, einmal mit Campino sprechen zu dürfen. Kein Problem. In Waldbronn unterhielten sich die beiden ausführlich.

Doch auch die anderen rund 11000 Fans der populärsten deutschen Punkrockband, die ins Fußballstadion von Waldbronn gekommen waren, konnten sich nicht beklagen: Die Hosen und ihre musikalischen Gäste 999, Wreckless Eric, UK Subs und The Vibrators machten den Abend im Badischen tatsächlich zur versprochenen Abschlußparty für die glänzend verlaufene Tour „Menschen, Tiere, Sensationen".

Mit dem Album *Learning English, Lesson One*, mit der Tournee „Menschen, Tiere, Sensationen" und vor allem mit den beiden Abschlußpartys in Waldbronn und auf der Loreley schloß sich für die Toten Hosen der Kreis: Hervorgegangen aus der Punkszene der Endsiebziger und dementsprechend beeinflußt von den damals angesagten Bands, standen sie nun mit ihren alten Idolen auf der Bühne. Und die wiederum schienen mit ihren Verehrern mehr als zufrieden zu sein.

Charly Harper, Sänger der britischen Band UK Subs: „Am besten gefallen hat mir eigentlich an der ganzen Geschichte, daß die Toten Hosen ihre eigene Art aufzutreten haben, ihre eigene Atmosphäre und ihr eigenes Publikum – das ist großartig. Wir hatten eine wirklich gute Zeit, als wir mit den Hosen auf Tournee waren. Die Toten Hosen sind eine tolle Band. Und auch die Festivals waren besser als normale Live-Shows."

„Wreckless" Eric Goulden: „Für mich war es sehr schwer hier auf diesem Festival in Waldbronn. Ich hatte eine schwere Erkältung, die mich erst mal die Stimme kostete. Außerdem sind wir direkt von Eindhoven gekommen, konnten nur ein paar Stunden schlafen. Aber mit Campino würde ich jederzeit wieder zusammenarbeiten – yeah! Ich mag die Hosen! Ich mag sie sehr. Ich kenne alle ihre Platten. Ich höre ihre Songs immer wieder, und ich gehe auch gern zu ihren Konzerten. Ich war tatsächlich schon bei einigen ihrer Gigs – die Jungs sind wirklich okay."

STAGEDIVING

Umjubelter Bestandteil von Campinos Bühnenshow ist schon seit Jahren das sogenannte Stagediving: der Hechtsprung von der Bühne mitten hinein ins Publikum. Mit dieser recht mutigen Konzert-Einlage befindet sich der Sänger in guter Gesellschaft. Schon Peter Gabriel ließ sich rückwärts von der Bühnenkante fallen – allerdings traten die Fans anfangs vor Schreck einen Schritt zur Seite. U2-Sänger Bono Vox wurde zwar immer aufgefangen – nur hatte er anschließend einige Schwierigkeiten, wieder auf die Bühne zurückzukrabbeln, ohne daß ihm die Fans alle Klamotten vom Leib rissen. Sogar der mehrere Zentner schwere Rocksänger Meat Loaf plumpst gerne ins Publikum. Und unlängst tourte eine Band durch die Republik, die ihre Konzerte kurzerhand zu einem Stagediving-Wettbewerb für die Fans umfunktionierte.

Nick Cash von 999 setzt die Lobeshymnen der altgedienten Punkrocker auf die Toten Hosen fort: „Die Arbeit mit den Hosen war und ist ein Riesenspaß. Es ist ohnehin immer ein toller Spaß, mit anderen Bands auf der Bühne zu stehen – aber ganz besonders gilt das für die Toten Hosen. Die Jungs sind alle sehr freundlich, und dieses ganze Festival hier war wie eine einzige große Party."

Eddie, der Drummer der Vibrators: „Das Beste an den Auftritten mit den Hosen war, daß wir das Alterslimit, das es in manchen Clubs gibt, umgehen konnten. Zu den Gigs der Toten Hosen kamen auch 12-, 13- und 14jährige – in gewöhnliche Clubs wären die gar nicht reingekommen. Damit konnten wir den Kids auch mal zeigen, daß es noch Alternativen zu Michael Jackson gibt. Und dafür sind die Toten Hosen auch genau die Richtigen: Ihnen geht es darum, einfach gute Musik zu machen – und sie bieten eine gute Show dazu. It's a great fun! Schon deshalb ist es großartig, daß die Hosen unsere Songs gecovert haben."

Begeistert waren auch die Hosen selbst – von den beiden Abschlußpartys und von der gesamten Tournee „Menschen, Tiere, Sensationen".

Andi, der in Waldbronn ganz fasziniert am Bühnenrand gestanden hatte: „Ich habe mir Wreckless Eric und die Vibrators angesehen. Wreckless Eric habe ich bei dieser Gelegenheit zum ersten Mal überhaupt zusammen mit seiner Band gesehen – ich mag die Gruppe, und Eric halte ich ohnehin für einen genialen Stückeschreiber. Auch die Art, wie er seine Musik spielt, mag ich. Und die Vibrators habe ich lange nicht mehr so druckvoll erlebt wie heute."

Breiti: „Es ist ja nicht nur der Umstand, daß es dir Spaß macht, dir am Abend die Gigs der anderen Bands anzusehen, jedesmal wieder. Es sind auch all die Dinge, die du während einer solchen Tournee nebenbei mit den Leuten erlebst – etwa, wenn du mit ihnen zusammen ein paar Stunden lang im Bus sitzt. Das sind derart unterschiedliche Charaktere, daß ich hinterher auch nicht sagen konnte, daß ich mich bei den Abschlußpartys auf diesen oder jenen ganz besonders gefreut hätte. Wir hatten einfach mit allen eine tolle Zeit."

Eine tolle Zeit, aus der es natürlich auch Anekdoten zu erzählen gibt: „Einmal zum Beispiel", grinst Breiti, „hatten wir Charly Harper an einer Autobahnraststätte vergessen, und keiner hatte es bemerkt. Erst nach 200 Kilometern fiel es jemandem auf, daß er fehlte. Wir sahen, daß seine Jacke bei uns im Bus lag. Demnach konnte er keinen Pfennig in der Tasche haben. Wir drehten also um, doch bis wir wieder an der Raststätte eintrafen, war uns Charly längst hinterhergetrampt. Er erreichte unser Ziel an diesem Tag noch vor uns. Charly ist eben schon lange genug als Profimusiker auf der Straße, um sich in jeder Situation irgendwie behelfen zu können."

Die Hosen und der Fußball

Im Oktober 1992 müssen sie Höllenqualen gelitten haben. Fortuna Düsseldorf, Zweitliga-Club mit Erstliga-Vergangenheit, verlor am 18. Oktober mit 0:1 gegen den Zwölftplazierten Hannover 96, bot eine desolate Vorstellung vor heimischer Kulisse und sicherte sich damit souverän wie nie zuvor – den letzten Tabellenplatz. 10:26 Punkte, 14:27 Tore – das bedeutete Mitte Oktober, daß schon jetzt, nach 18 von 46 Spieltagen der Saison 1992/93, sechs Punkte zum rettenden 17. Platz und damit zum Erhalt der Zweitklassigkeit fehlten. „Düsseldorf droht die Oberliga" titelten die Sportredaktionen der deutschen Tageszeitungen.

Solche Meldungen gehen den Toten Hosen mehr an die Nieren als knallige Schlagzeilen von BILD, die Skandälchen rund um die Band betreffen. Denn die Toten Hosen sind eingefleischte Fans der Düsseldorfer Fortuna. „Die Musiker haben noch immer Ehrenkarten für die Heimspiele des Vereins", erzählte Geschäftsführer Paul Jäger im Oktober. „Und sie kommen nach wie vor häufig ins Stadion. Wir haben noch guten Kontakt zu den Toten Hosen, und wir wollen noch immer, daß sie irgendwann einmal in unserem Stadion auftreten. Zumal das weit mehr Unterhaltungswert hätte als das, was dort derzeit sportlich geboten wird."

Guter Kontakt? Ehrenkarten? Richtig – die Beziehung der Toten Hosen geht weit über das hinaus, was deutsche Rockmusiker für gewöhnlich mit ihrem Heimatverein verbindet. 1989 ließen sie von jeder Eintrittskarte zu ihrer Tournee eine Mark dem gebeutelten Fußballclub zugute kommen (siehe Seite 69). Und auch, nachdem die Fortuna die Saison 1992/93 lange Zeit als Schlußlicht der zweiten Bundesliga erlebt hatte, ist ihre Begeisterung für den Verein ungebrochen: „Zweite Liga – da müssen wir durch!"

Die anhaltende Liebe zur Fortuna, so erfuhr Campino in einem Gespräch mit Berti Vogts, das er im August 1991 für das Wochenendmagazin der SÜDDEUTSCHEN ZEITUNG führte, verbindet die Hosen übrigens mit dem Bundestrainer: „Ich habe bei der Fortuna noch Jupp Derwall spielen sehen. Ich war als Kind ein Fortuna-Fan – und das bleibt man bis ans Lebensende."

Doch mit der Rolle der Edelfans erschöpft sich das Dasein der Hosen als Fußball-Freaks noch lange nicht. Bei Prominententurnieren sind die Düsseldorfer auch als Kicker berühmt und gefürchtet – inzwischen auch von den Kollegen der Rodgau Monotones: „Die haben wir geputzt", freuten sich die Rheinländer 1988 in

HOLSTEN

ME/SOUNDS. „Nicht nur auf dem Platz, auch beim Saufen!" Verteidiger Campino verriet dem Zeitgeistmagazin TEMPO seine ausgeklügelte Rasentaktik: Er trete alles um, was sich auf zehn Meter dem Strafraum nähere. Mittelstürmer Breiti kümmert sich erfolgreich ums Toreschießen. Und Trini Trimpop, so wird erzählt, habe zugunsten der Hosen-Gang sogar einmal ein Vertragsangebot von Rot-Weiß Lüdenscheid abgelehnt.

Damit nicht genug: Im Frühjahr 1991 traten die Hosen dem Sportverein TuS Rheinfranken bei, dessen Fußballteam in der Kreisliga A kickt und der sein Domizil in unmittelbarer Nähe der Düsseldorfer Fortuna hat. Die RHEINISCHE POST meldete damals: „Als ‚Einstiegsgeschenk' stifteten sie eine Bewässerungsanlage für den Rasenplatz." Im Gegenzug durften sich die Toten Hosen auf dem Platz für ihre Tournee konditionell fit machen – und Trini Trimpop trainierte sogar gelegentlich mit der ersten Mannschaft.

Bei soviel Begeisterung für das schwarzweiße Leder ist es auch kein Wunder, daß die musikalische Karriere der Toten Hosen immer dann eine Pause einlegt, wenn international um Fußball-Ehren gekickt wird.

„Jede WM ist für die Band eine echte Zerreißprobe", erklärte Campino 1990 der TEMPO-Reporterin Bettina Michael. „Da geht es um alles. Da kommt zwischen uns der blanke Haß zum Vorschein. Vor vier Jahren, 1986, haben wir zu Hause in unserem WM-Studio schon während des Viertelfinales die Band aufgelöst."

1990 ärgerten sich Campino, Breiti und die anderen – insbesondere über das reichlich arrogante Auftreten des späteren Weltmeisters Deutschland und seiner Fans. „Es macht einfach keinen Spaß", erregte sich Breiti damals in einem Interview, „wenn die andere Mannschaft grundsätzlich für Scheiße befunden wird und die Gegner als Kameltreiber tituliert werden." Der Protest der Hosen: Sie trugen Schals der Konkurrenten – Breiti warb so für Costa Rica, Andi für Brasilien, Trini für Italien, und Campino hielt die englischen Farben hoch.

Was auf den ersten Blick wie ein gemütlicher Gruppenurlaub für gestreßte Punkstars wirkte, angemietete Villa am Gardasee inklusive, war – so die Hosen – eher eine Dienstreise: „Dauernd zu den Spielen fahren, im Stau stehen, abends noch eine Kolumne für die TAZ schreiben..." Dennoch: „Diese vier Wochen abzuhängen war's wert", sagte Campino, schränkte aber gleich wieder ein: „Auch wenn man nicht immer brillanten Fußball gesehen hat."

Und Andi schilderte später die Großwetterlage innerhalb der Band während des WM-Ausflugs: „Wie jede gute Band hatten auch wir unseren Lagerkoller, vor allem beim Tipp-Kick-Spielen. Da schlugen die Wogen etwas höher, und es kam zu handgreiflichen Auseinandersetzungen. Die wurden aber immer schnell wieder beigelegt."

1. FC TOTE HOSE

Im Frühjahr 1989 stellten die Hosen ihre Tournee unter das Motto „Rettet die Fortuna", führten pro Ticket eine Mark an den damals schon einmal in die zweite Liga abgestiegenen Traditionsverein ab und ermöglichten der Fortuna damit den Kauf eines Spielers. Rund 200000 Mark sprangen dabei für den Club vom Rhein heraus – und der damalige Geschäftsführer der Fortuna freute sich: „Drei, vier talentierte Nachwuchsspieler sind dafür allemal drin." Es kam noch besser – die Finanzspritze half dem Verein, den Kauf eines Klassespielers zu finanzieren. „Das war zwar vor meiner Zeit", erinnert sich der heutige Geschäftsführer Paul Jäger, „aber ich weiß noch, wie damals gewitzelt wurde, die Toten Hosen hätten mit ihrem Geld das linke Bein von Anthony Baffoe gekauft." Der afrikanische Ballvirtuose Baffoe, der den deutschen Fußball im besten Wortsinn farbiger machte und von den Stuttgarter Kickers losgeeist werden konnte, half fortan dabei mit, die Fortuna wieder zurück in die erste Bundesliga zu schießen. Doch die Freude hielt nicht allzu lange an: 1992 war Baffoe längst zu einem französischen Club gewechselt – und Fortuna Düsseldorf spielte wieder in der zweiten Liga. Die Toten Hosen blieben dennoch treue Fortuna-Fans: „Mit einem Fußballverein", philosophierte Breiti gegenüber der RHEINISCHEN POST einmal, „ist es nicht wie mit einer Freundin – den Verein hast du fürs ganze Leben..."

Die Toten Hosen in vollen Hallen (links): 1989 tourten sie unter dem Motto „Rettet die Fortuna". Damit verhalfen sie ihrem Lieblingsclub zum Ausnahmekicker Anthony Baffoe (unten)

Die Hosen und ihr Image

Die Toten Hosen – von Fans und Medien gemeinhin als chaotische Jungs von nebenan gefeiert, in der Musikbranche als lukrativ arbeitendes Unternehmen etabliert. Für Campino ist das kein Grund, über vermeintliche Widersprüche ins Grübeln zu kommen – zumal die finanzielle Seite innerhalb der „Bandfamilie" nach sehr einfachen Regeln gehandhabt wird. „Alles Geld, das reinkommt, teilen wir in der Band auf", erklärte er im Juli 1990 in ME/SOUNDS. „Dann bekommen unsere Roadies auch ein Jahresgehalt."

Und auch von einem schlechten Gewissen, das ihnen einige Punk-Puristen wegen des kommerziellen Erfolgs einzureden versuchten, wollte Campino nichts wissen: „Schlechtes Gewissen? Wieso denn? Vor zehn Jahren waren wir noch bis zum Hals in der Scheiße. Ich muß doch nicht alles an Afghanistan oder irgendein komisches Projekt überweisen, nur um als integer zu gelten. Ich will mir lieber einen Fußballspieler kaufen – leider hat es bis jetzt nur für das linke Bein von Anthony Baffoe gereicht. Aber sollten wir die Chance haben, die ganze Fortuna Düsseldorf zu kaufen oder ein paar Politiker zu schmieren – wir würden es tun. Warum sollte man nicht Geld als Sachwert auf diese Weise verhöhnen?"

Der Sonntagszeitung SONNTAG AKTUELL erzählte Campino im August 1990, wie eine solche Verhöhnung vor sich gehen könnte: „Ich würde gerne mal einen Klumpen Gold in den Rhein werfen, um dann zu sehen, wieviel Taucher dafür sterben müssen. Und ich würd' wahnsinnig gern mal den Kohl bestechen, aber der ist halt nicht billig. Momentan wäre ein Bürgermeister für uns wohl eher geeignet."

Solche Interviewzitate belegen, was in der Szene eh schon jeder weiß: Die Hosen verstehen ihr Handwerk blendend, wenn es darum geht, den Ruf ihrer Gruppe als Kultband zu fördern. Weitere Beispiele: der Streit um den „wahren" Heino, die Veräppelung des EMI-Logos, die Produktion mit Posträuber Ronald Biggs. Oder die markigen T-Shirts (zum Beispiel mit dem Aufdruck: „Und jetzt alle... Ficken, Bumsen, Blasen"), von denen eins 1991 sogar vom Art Directors' Club Deutschland als besonders gelungen ausgezeichnet wurde.

Und so geben sich die Hosen selbstbewußt, wenn sie auf die Bedeutung von PR-Aktionen für ihren Aufstieg zu Deutschlands Punkrockband Nummer 1 angesprochen werden. Campino: „Ich weiß nicht, wie wichtig so etwas ist. Aber wenn ich schon etwas an die Öffentlichkeit bringe, warum soll ich mir dann nicht überlegen, wie ich das am besten hinkriege?"

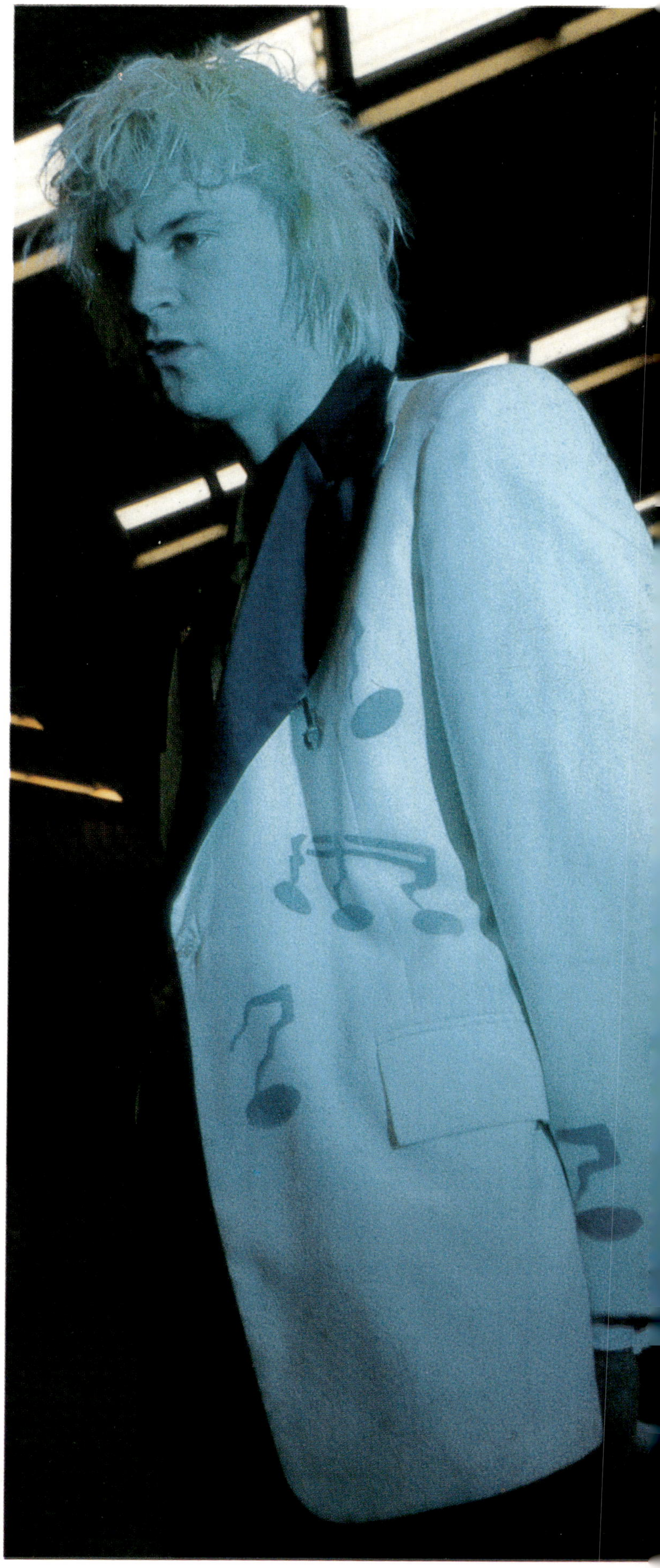

IMAGE UND WAHRHEIT

1990 räumte Campino in einem ME/SOUNDS-Interview mit dem Image der Toten Hosen als allzeit bereite Punk-Machos ein bißchen auf: „Das ist längst vorbei. Am ehesten läuft was, wenn eine Band noch unbekannt ist, wenn die Musiker nach dem Konzert nicht ins Hotel fahren, sondern gleich in der Kneipe bleiben. Heute läuft bei uns mehr mit den Technikern, weil die am längsten in der Halle bleiben müssen... Gut, es muß wohl raus. Das ist ziemlich unrockenrollig – ich halte mich seit Jahren raus. Ich bin sexuell ziemlich langweilig, da ist nichts Besonderes bei mir – ein ganz normaler Wichser. Und ehrlich: All diese Geschichten von den anderen Gruppen, da bin ich oft echt entsetzt. Wenn da Mädchen mitgelatscht sind und die werden gleich im Aufzug vergewaltigt oder es wird zu zehnt da rübergerödelt – das finde ich zum Kotzen. Ich bin jedenfalls nicht der Superbumser von Düsseldorf." Kein Wunder: Campino war schon damals sozusagen in festen Händen. „Das Problem bei mir ist, daß ich ganz einfach vor ein paar Jahren eine Alte gefunden habe, die schon ziemlich optimal ist. Da bin ich abgedeckt. Ich würde nie wegen ihr was sein lassen, ihr das auf die Schuldenseite schreiben. Ich will ihr nie in zehn Jahren vorhalten, was ich wegen ihr habe sein lassen. Meine Freundin ist 'ne ganz ruhige... Tja – bin immer noch richtig verschossen."

Tote Hose vor der Kamera

Wenn sie mal einen Asozialen gebraucht haben, haben sie eben bei mir angerufen", antwortete Campino im Oktober 1992 in einem Interview mit dem Süddeutschen Rundfunk auf die Frage, wie er eigentlich zu seiner Zweitkarriere als Gelegenheitsschauspieler gekommen sei. Ob er tatsächlich auf diese Weise zum Beispiel seine Nebenrolle in der ARD-Vorabendserie „Der Fahnder" ergatterte, sei dahingestellt – er schlug sich jedenfalls immer wacker, wenn er vor laufender Kamera Jugendliche (meist schnoddrig, ein bißchen rebellisch und nicht selten in Schwierigkeiten) mimte. Kunststück: Diese „Rolle" dürfte dem „wahren Campino" ziemlich nahe kommen.

Nicht anders verhält es sich mit seiner Hauptrolle in „Langer Samstag", einer Chaoskomödie, die im Herbst 1992 in die deutschen Filmtheater kam. Hanns Christian Müller, Texter, Sänger, Komponist – kurz: Allroundtalent und als solches unter anderem auch

DREI AKKORDE FÜR EIN HALLELUJA

Mit ihrem ebenso chaotischen wie unterhaltsamen Filmporträt in eigener Sache, „Drei Akkorde für ein Halleluja", erfüllten die Toten Hosen die Erwartungen der Fans – und bewiesen ein weiteres Mal einen gesunden Sinn für Humor. Für einen Humor allerdings, der ihnen (wie ihre meisten Aktivitäten) sehr unterschiedliche Pressekritiken einbrachte. „Die Texte etwas sozialkritisch, gerne blasphemisch und obszön, dazu ein meist unerträglicher Radau", urteilte zum Beispiel der Kritiker der STUTTGARTER ZEITUNG am 20. Juli 1991 unter der Überschrift „Bilanz der Narren". Im Branchenmagazin FILMDIENST vom Juli 1991 stand dagegen immerhin: „Das ist Welten entfernt vom Sozialgeplänkel eines Wolfgang Niedecken, hat ungefähr den Unterhaltungswert von alternativem Karneval und entschädigt weitgehend für die bescheidene Bildqualität dieses Schnelldurchlaufs durch ein Kapitel bundesdeutscher Rockgeschichte." Der Streifen – seit Ende 1989 zunächst als Videokassette und ungewöhnlicherweise erst später auch im Kino zu bestaunen – geriet Regisseur Trini Trimpop chaotisch wie erwartet; er stöbert augenzwinkernd im historischen Fundus einer der altgedienten deutschen Bands. „Ich hab' sie früher für Säufer und für blöd gehalten, aber die sind ganz schön fit, mußte ich im nachhinein erkennen." Mit solchen und ähnlichen Äußerungen führt „Dr. Faustus", schwergewichtiger Busfahrer, Mixer und Faktotum der Band, als schnoddriger Moderator durch den unterhaltsamen Wirrwarr aus Reportage-Szenen,-Live-Mitschnitten und mehr oder weniger heimlich mitgefilmten Hosen-Gags (Der Hosen-Sturm auf Helgoland, Die Hosen auf Magical Mystery Tour...). Zu sehen sind die Toten Hosen während der Bühnenaufführung von „Clockwork Orange" im ehrwürdigen Bonner Schauspielhaus, auf Tournee in Litauen, als Demo-Musiker in Wackersdorf und Rheinhausen, als Rapper mit Fab Five Freddie und dem flippigen, gemeinsam aufgenommenen *Hip Hop Bommi Bop*, als Horrorgäste von Mike Krügers ansonsten eher als fad kritisierter Fernsehshow „Vier gegen Willi" und als Interview-Partner von TV-Journalist Alan Bangs (natürlich auf den Stufen des Fortuna-Stadions in Düsseldorf). Zu sehen sind auch beide „Heinos": Norbert Hähnel, der zu 20 Tagen Haft in Berlin-Moabit verknackte Liebling der Punkszene, und Heinz-Georg Kramm, der vor Gericht als „Original" siegreiche Volksmusikant. Und schließlich fehlt auch nicht der skandalumwitterte *Bommerlunder*-Videoclip mit Kurt Raab und Marianne Sägebrecht – erstmals in der ungekürzten Fassung.

an Gerhard Polts Kinoproduktionen „Kehraus" und „Man spricht deutsh" als Regisseur beteiligt – verfiel für seine Filmidee vom Chaos in einem Kaufhaus schon recht früh auf Campino als männlichen Hauptdarsteller.

Campinos Kommentar schien ihm recht zu geben: „Ich hasse Kaufhäuser – und ich mache nichts weniger gern, als dort Hosen oder Jacken einzukaufen und ständig irgendwelche Sachen anzuprobieren."

Die Kulisse von Hanns Christian Müllers Film: 23. Dezember, langer Samstag, Einkaufstrubel in einem Kaufhaus – die letzten Stunden vor der (h)eiligen Nacht. Die Tankstellen- und Imbißbudenpächterin Susi Herzog (gespielt von Müllers Ehefrau Gisela Schneeberger) ist in Schwierigkeiten: Der Ehemann macht ihr mit seiner übersteigerten Eifersucht zu schaffen, die nervtötende Mutter hängt ihr ständig am Hals, die Kundschaft kann nicht schnell genug bedient werden, das Personal hat keine Lust zum Arbeiten – und zu allem Überfluß kündigt ihr auch noch der Filialleiter des Supermarkts, auf dessen Areal sie ihre Geschäfte betreibt, den Pachtvertrag.

So weit, so schlecht. Da tritt Campino auf den Plan. Er spielt – sich selbst: den Punkmusiker Anton, der im Kaufhaus für ein ansehnliches Chaos sorgt, Susi Herzog helfen will und dadurch sie und sich selbst in die Bredouille bringt, aus der sich die beiden erst nach zahlreichen Verwicklungen pünktlich zum

Happy-End befreien können. Bis dahin ist es allerdings ein weiter Weg und zugleich ein so verschlungener, daß die Geschichte des Films „Langer Samstag" nicht ohne weiteres nachzuerzählen ist.

Nur soviel noch: Die Besetzungsliste des Streifens kann sich sehen lassen. Da taucht Kabarettstar Jochen Busse als windiger Geschäftsmann auf, sein schwergewichtiger Kollege Ottmar Fischer tapst als etwas schwerfälliger Mitarbeiter von Susi Herzog durch die Kulissen, der markante Hans Brenner glänzt als überforderter Wachmann Winkelhofer.

Und einige Polizisten kommen sowohl Punk- als auch Kabarettfans nicht zufällig bekannt vor: Die Freunde und Helfer, die sich für den Film „Langer Samstag" im Warenhaus vergeblich um Ruhe und Ordnung bemühen, rekrutieren sich aus Mitgliedern der Toten Hosen und Gerhard Polts langjähriger Begleitgruppe Biermösl Blosn.

Doch selbst in der Umgebung derart vertrauter Uniformträger schien sich Hosen-Sänger Campino nicht besonders wohl gefühlt zu haben: „Ganz seltsam", sinnierte er grinsend in einem Interview, das er im Oktober '92 vor dem Bundesstart von „Langer Samstag" gab, „sobald die anderen Hosen in dieser Uniform steckten, wirkten sie irgendwie wie Arschlöcher... Es scheint, als würde allein die Uniform einen Menschen total verändern. Die waren auch plötzlich ganz anders drauf – wedelten mit der Pistole und so..."

DISKOGRAPHIE

Opel-Gang
(EMI, 1983)

Tote Hose / Allein vor deinem Haus oder: Dein Vater, der Boxer / Modestadt Düsseldorf / Reisefieber / Kontakthof / Opel-Gang / Willi muß ins Heim / Wehende Fahnen / Schwarzer Mann / Geld / Ülüsü / Es ist nichts gewesen / Sommernachtstraum / Hofgarten / Bis zum bitteren Ende.

Unter falscher Flagge
(Virgin, 1984)

Spiel mir das Lied vom Tod / Liebesspieler / Letzte Wache / Der Abt von Andechs / Der Mord an Vicky Morgan / Im Hafen ist Endstation / Unter falscher Flagge / Sekt oder Selters / Der Schandfleck / Betrunken im Dienst / Shake Hands / Warten auf Dich / Im Hafen ist Endstation.

The Battle Of The Bands
(Virgin, 1985)

Faust in der Tasche / Head Over Heels / Schöne Bescherung / La Historia Del Pescador Pepe / Vom Surfen und vom Trinken.

Damenwahl
(Virgin, 1986)

Sojus Nerushimai Republic Swobodnich / Disco in Moskau / Verschwende deine Zeit / Freitag der 13. / Bis zum bitteren Ende / Schwarzwaldklinik / Wort zum Sonntag / Ehrenmann / Helmstedt Blues / Großalarm / Spielzeugland / Verflucht, verdammt, gebrandmarkt / Agent X / Das Altbier-Lied.

Never Mind The Hosen – Here's Die Roten Rosen
(Virgin, 1987)

Itsy Bitsy Teenie Weenie Honolulu-Strand-Bikini / Alle Mädchen wollen küssen / Im Wagen vor mir / Für Gaby tu' ich alles / Wir / Und sowas nennst du nun Liebe / Kein Gnadenbrot / Halbstark / Die Sauerkrautpolka /

Wenn du mal allein bist / Zwei Mädchen aus Germany / Mein Hobby sind die Girls / Medley: Cinderella Baby – Tiroler Hut – Der Fahrstuhl nach oben ist besetzt – Mama – Adelheid – Da sprach der alte Häuptling – Schön ist es auf der Welt zu sein.

Bis zum bitteren Ende – die Toten Hosen live!
(Virgin, 1987)

Rock'n'Roll / Liebesspieler / Warten auf Dich / Armee der Verlierer / Liebeslied / Disco in Moskau / Das Wort zum Sonntag / Police On My Back / Schwarzwaldklinik / Opel-Gang / Die Rosen geben 'ne Party / Bis zum bitteren Ende / Happy Metal Part I (Adagio) / Freitag der 13. / Happy Metal Part II (Allegro) / Betrunken im Dienst / Happy Metal Part III (forte fortissimo) / Eisgekühlter Bommerlunder.

Ein kleines bißchen Horrorschau
(Virgin, 1988)

Hier kommt Alex / 1000 gute Gründe / Ein Schritt zuviel / Keine Ahnung / Die Farbe Grau / 180 Grad / Mehr davon / Zahltag / 35 Jahre / Musterbeispiel / Testbild / Bye, Bye, Alex.

Auf dem Kreuzzug ins Glück
(Virgin, 1990)

Auf dem Kreuzzug ins Glück / Alles wird gut / Glückspiraten / Fünf vor zwölf / Geld / First Time / Keine Chance für die Liebe / Die Opel-Gang Teil 2 – Im Wendekreis des Opels / Streichholzmann / All die ganzen Jahre / Sein oder Nichtsein / New Guitar In Town / Schönen Gruß, auf Wiederseh'n / Pubertät / Der Urlaub / Willi's tiefer Fall / Der Polizist / Der Analphabet / Hip Hop Bommi Bop / Achterbahn / Der Auftrag / 1000 Nadeln / Mehr davon / Im Jet-Grill / Azzurro / Liebesspieler / Opel-Gang / Willi – ein Verlierer / Fungiziede – genetisch versaut / Willi muß ins Heim / Der Besuch / Willi's weiße Weihnacht.

Learning English, Lesson One
(Virgin, 1991)

Learning English, Step One / Blitzkrieg Bop / Brickfield Nights / Step Two / Just Thirteen / If The Kids Are United / Nasty Nasty / Step Three / Dirty Pictures / Baby Baby / Gary Gilmore's Eyes / Born To Lose / How The Rockafellas Went To Hollywood / Do You Remember / Carnival In Rio (Punk Was) / Step Four / Right To Work / Whole Wide World / Smash It Up / Stranglehold / Step Five / Love And A Molotov Cocktail / Do Anyhting You Wanna Do / Goodbye From Janet & John.

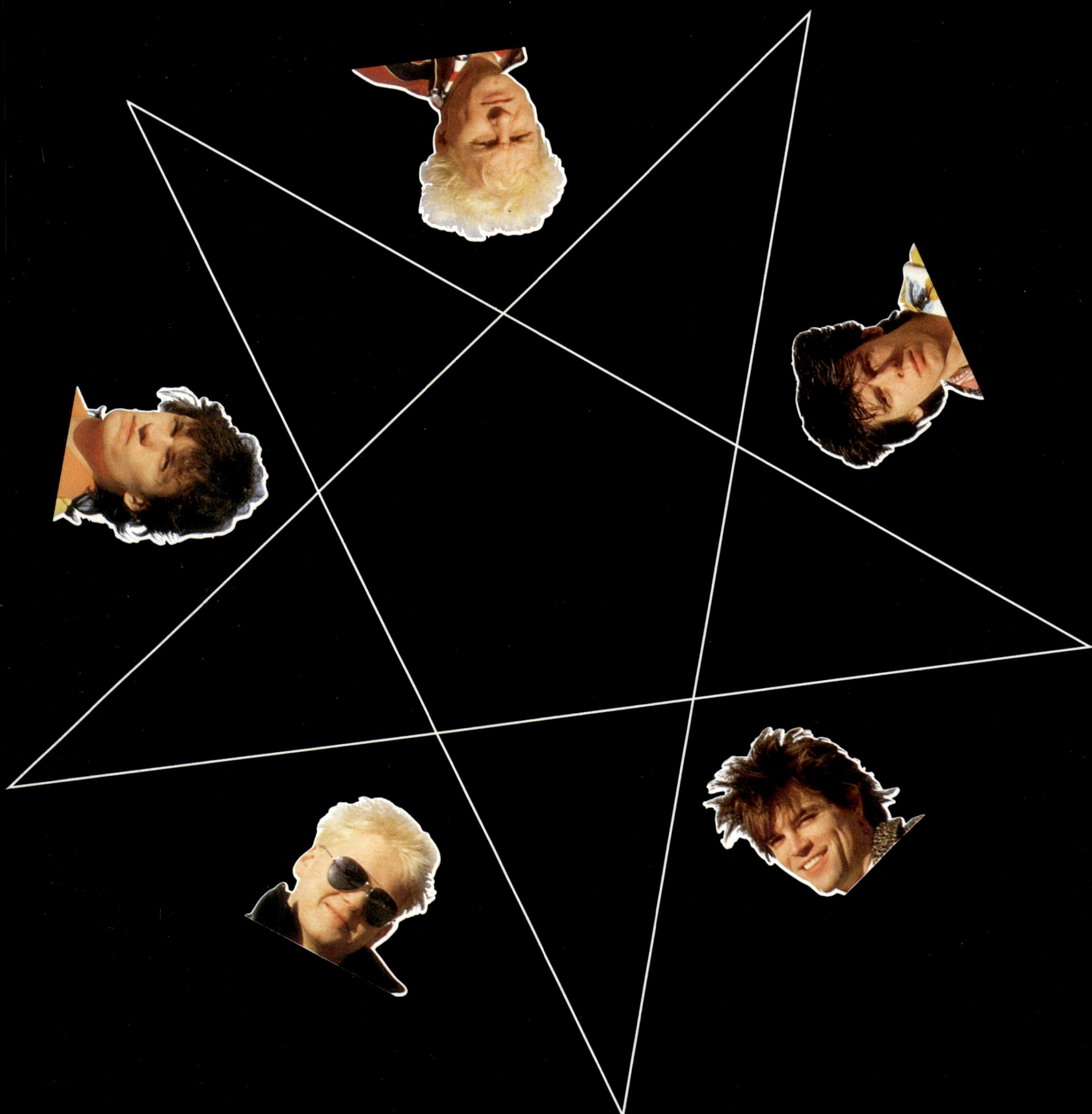

DRIVE & CAMP TRÄUME

Michael Schweres

MIT DEM WOHNMOBIL DURCH SCHWEDEN

SCHÄREN, FJÄLLS UND GROSSE SEEN VON SÜDSCHWEDEN NACH LAPPLAND

DREI BRUNNEN VERLAG · STUTTGART

Einband und Layout: Jürgen Reichert
Karten: Ingenieurbüro artic,
Karlsruhe, Duisburg
Fotos: Ruth Fichtner, Werner Lahmann,
Michael Schweres

Lektorat: Barbara Locher
Gestaltung: Petra Gerlach,
Barbara Locher, Thomas Müller

Die Deutsche Bibliothek –
CIP-Einheitsaufnahme

Schweres, Michael:
Mit dem Wohnmobil durch Schweden /
Michael Schweres und Ruth Fichtner. –
1. Aufl. – Stuttgart :
Drei-Brunnen-Verl., 1998
(Drive- & Camp-Träume)
ISBN 3-7956-0249-1

ISBN 3-7956-0249-1

1. Auflage 1998

Satz: Typomedia Satztechnik GmbH,
73760 Ostfildern
Druck: Druckerei Göhring,
71334 Waiblingen, Seewiesenstr. 27